Thomas Rosky

111 (Klein)Gartenlokale in und um München, die man kennen muss

111

emons:

Bibliografische Information der Deutschen Nationalbibliothek
Die Deutsche Nationalbibliothek verzeichnet diese Publikation in der Deutschen Nationalbibliografie; detaillierte bibliografische Daten sind im Internet über http://dnb.d-nb.de abrufbar.

MIX
Papier | Fördert gute Waldnutzung
FSC® C083411
FSC
www.fsc.org

Lektorat: Julia Lorenzer
Gestaltung: Editorial Design & Artdirection, Conny Laue, Bochum, nach einem Konzept von Lübbeke | Naumann | Thoben
Kartografie: altancicek.design, www.altancicek.de
Kartenbasisinformationen aus Openstreetmap,
© OpenStreetMap-Mitwirkende, ODbL
Druck und Bindung: CPI – Clausen & Bosse, Leck
Printed in Germany 2024
ISBN 978-3-7408-1453-3

Vorwort

München ist berühmt für seine ausgedehnten Biergärten. Weit weniger bekannt sind die kleinen versteckten Gartenlokale, die oftmals echte Geheimtipps sind. Dazu zählen insbesondere Kleingartenlokale, die den Kern des Buches bilden, sie waren die Ausgangsidee. Ein entsprechendes Buch fehlte bislang. Ein Münchner Stadtmagazin schrieb, in Kleingartenlokalen seien Speisen und Getränke 20 bis 30 Prozent günstiger als in normalen Wirtshäusern. Ein Grund mehr, in diesen inflationären Zeiten das Buch zu veröffentlichen.

Da nicht alle Kleingartenanlagen öffentliche Vereinsgaststätten haben, war die angestrebte Zahl 111 weit entfernt. Daher sind auch zahlreiche andere Gartenlokale, in denen sich zu erschwinglichen Preisen gut essen und trinken lässt, vertreten. Empfehlenswerte Kioske und Imbisse mit Sitzplätzen im Freien sind ebenfalls darunter.

Es sind unaufgeregte Orte, an denen man sich vom Alltagsstress erholen kann. Gemeinsam ist vielen ihre beschauliche Größe und eine Einfachheit und Normalität, nach der sich die Menschen im Grunde ihres Herzens sehnen.

Alle im Buch beschriebenen Lokale sind mit dem Rad oder mit den öffentlichen Verkehrsmitteln des MVV zu erreichen. Da München und seine nähere Umgebung größtenteils flach ist und über ein gut ausgebautes Radwegenetz verfügt, ist es bestens geeignet für Radtouren. Neben versteckten Gartenlokalen in der Stadt entdecken Sie mit diesem Buch auch Lokale im Wald, an Seen und Flüssen, die Sie bisher vielleicht noch nicht kannten.

111 (Klein)Gartenlokale

1 Alles Wurscht
Am Nikolaiplatz | 10

2 Alte Post
In geschichtsträchtiger Umgebung | 12

3 Alter Kernhof
Ein geschichtsträchtiger Ort | 14

4 Alter Wirt Eching
Im Landkreis Freising | 16

5 Amari Kantine & Bar
Kreative Freiräume | 18

6 Ameisenstüberl
Idyll an der Amper | 20

7 Andelong Asia Imbiss
Spezialitäten aus Schanghai | 22

8 Beachbar Kleines Seehaus
Kurzurlaub in St. Heinrich | 24

9 Bernds Bienenstock
Kultur und Natur vereint | 26

10 Biergarten Mühlenpark
Auf nach Garching | 28

11 Blumenhof Erding
Entspannt im Grünen | 30

12 Boazn
Isarrauschen | 32

13 Bohemia
Tschechische Kochkunst | 34

14 Bootshaus
Sanfter Tourismus an der Isar | 36

15 Bräustüberl Forschungsbrauerei
Als Forscher unterwegs | 38

16 Brunnergarten
Steckerlfisch ab 15 Uhr | 40

17 Burg-Café
Eine griechische Taverne am Ebersberger Forst | 42

18 Café Gans am Wasser
Besuchermagnet im Westpark | 44

19 Café im Hinterhof
Kaffeehausatmosphäre und sri-lankisches Frühstück | 46

20 Cinque Ristorante
Gehobene Küche zu moderaten Preisen | 48

21 Crönlein
Zwischen Au und Giesing | 50

22 Dalma und August
Bayerisch-dalmatinische Freundschaft | 52

23 Dalmatiner Grill
Ein bisschen wie zu Hause | 54

24 Da Wirtshauser
Auf der Sonnenterrasse | 56

25 Dessi Tadka
Eine kulinarische Entdeckungsreise | 58

26 Die kleine Rose
Ein Kleinod in Neuhausen-Nymphenburg | 60

27 Echardinger Gartenlaube
Spargelburger unter Wildem Wein | 62

28 Eschengarten
Ein Geheimtipp in der Lerchenau | 64

29 Finnerl's Gartenoase
Auf ein Schmalzbrot im Mini-Biergarten | 66

30 Gartenoase
Immer der Nase nach | 68

31 Gartlerstüberl
Unter dem Walnussbaum einen Whiskey trinken | 70

32 Gärtnerquelle
Die Sonnenplätze | 72

33 Gasthaus zum Maibaum
Glücklich in Freimann | 74

34 Gaststätte Alte Heide
Hier wurde Geschichte geschrieben | 76

35 Gaststätte Amperlust
Im Naherholungsgebiet der Olchinger | 78

36 Gaststätte NO-26
Versteckt in der Parkstadt Schwabing | 80

37 Gaststätte Schlösselgarten
Ein original bayerischer Biergarten | 82

38 Gaststätte Zur Waldhütte
An einem der schönsten Wälder Münchens | 84

39 Griechische Taverne »Zur Gartenlaube«
Inmitten prachtvoller Gärten | 86

40 Gyoza Bar
Try all | 88

41 Hecht und Sonne
Urlaub vom Alltag | 90

42 Heckerkeller Matteo De Luca
Im malerischen Grafing | 92

43 Herzis Wirtschaft
Teufelstoast und Rote-Bete-Wraps | 94

44 Hitomy
Japanisch essen in Pasing | 96

45 Hofbräu am Oberwiesenfeld
Kartenspielen erwünscht | 98

46 Imbiss im Hackermoos
Am Ufer des Fischweihers | 100

47 Incontro
Traditionelle apulische Küche neu interpretiert | 102

48 Isaralm
Lauschig und ruhig | 104

49 Kastaniengarten
Ein Rückzugsort unweit der Innenstadt | 106

50 Kiosk Isarwahn
Chillen an der Wittelsbacherbrücke | 108

51 Kiosk Minigolf Erding
Essen, trinken, golfen – eine unschlagbare Kombi | 110

52 Kiosk Notzinger Weiher
Ein Naturparadies im Erdinger Moos | 112

53 Kleine Villa Flora
Die kleine Schwester | 114

54 Königin 43
Mit Blick auf den Englischen Garten | 116

55 Konsum Kiosk
Urlaubsstimmung an der Isar | 118

56 Krüner Kiosk
Mehr als nur ein Nachbarschaftstreff | 120

57 Land in Sonne 1
In einer der größten Kleingartenanlagen Bayerns | 122

58 Lochhamer's
Ideal bei hochsommerlichen Temperaturen | 124

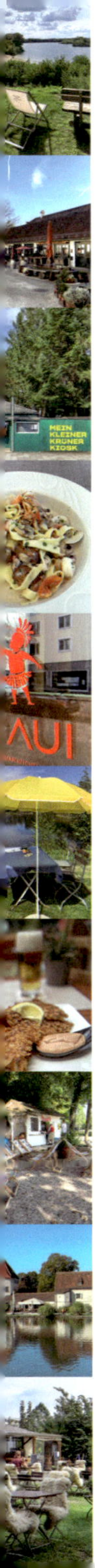

59 Maui
Hawasian Kitchen | 126

60 Milchhäusl
Alles bio | 128

61 Mini-Hofbräuhaus
Nicht nur Hunde fühlen sich hier wohl | 130

62 Munich Beach Resort
Urlaubsgefühle am Regattasee | 132

63 Nini Café Borstei
In einer anderen Welt | 134

64 Olympia-Alm
Münchens höchstgelegener Biergarten | 136

65 Orexi Taverna
Ein griechisches Gartenlokal im nördlichen Pasing | 138

66 Osteria dagli Artisti
Authentische italienische Küche | 140

67 Papa Franco
Geheimtipp in Untermenzing | 142

68 Pausenhof am Dom
Günstig essen in der Innenstadt | 144

69 Pflanzerl Pavillon
Man läuft leicht dran vorbei | 146

70 Pogner's
Caldo Verde in Thalkirchen | 148

71 Potlatsch
Gyrosfreie Zone | 150

72 Restaurante Castanho
Geschmackserlebnisse in Eichenau | 152

73 Rumpler
Zwischen Isar und Südfriedhof | 154

74 Sapori Originali
Essen wie in Italien | 156

75 Sappralott
Eine Neuhausener Institution | 158

76 Schießstätte Allach
Schwabinger Podium reloaded | 160

77 Schlossschänke Blutenburg
Ein mittelalterliches Juwel an der Würm | 162

78 Schnitzelgaudi
Das Schnitzelstudium | 164

79 SeeKiosk Germering
Abgelegen, nicht überlaufen und ruhig | 166

80 St. Benno Einkehr
Eine Obergiesinger Institution | 168

81 Thai Dala
Einmal Nudeln mit dicker Soße, bitte! | 170

82 Tivoli Pavillon
Abseits des Trubels | 172

83 Trattoria Mamma Anna
Unter Linden | 174

84 Viet Village Restaurant
Vietnamesische Genussküche | 176

85 Wais Küche
Authentische südchinesische Küche | 178

86 Waldheim Gräfelfing
Der Gesundheit zuliebe | 180

87 Waldrestaurant Bergl
Das älteste Wirtshaus in Schleißheim | 182

88 Waldschwaigstüberl
Geliebte Hausmannskost | 184

89 Waldwirtschaft Bienenheim
Entschleunigte Genussküche | 186

90 Wasserberghäusl
Wo Auguste Renoir malte | 188

91 Wilder Hirsch
Ein cooles Stüberl | 190

92 Winkelstüberl
Das 100-jährige Haus | 192

93 Wirtshaus zur Gass
Am größten See im Landkreis Ebersberg | 194

94 Würmseestüberl
Der Blick reicht bis Starnberg | 196

95 Würmtalhof
Moderne bayerisch-österreichische Küche | 198

96 Zhou's Family
Chinesisch essen am Tennisplatz | 200

97 Zum Alten Wirt
Bayerische Landküche in dörflichem Ambiente | 202

98 Zum Blaustern
Eine Entdeckung am Harras | 204

99 Zum Glückseck
Cevapcici zur Livemusik von Robbie Williams | 206

100 Zum Höllerer
Sri-lankische trifft bayerische Küche | 208

101 Zum Holzwurm
Ein Relikt der legendären Linie 8 | 210

102 Zum Koreaner
Essen wie in Korea | 212

103 Zum Metzger-Rudi
Ein typisch bayerisches Wirtshaus | 214

104 Zum Schmankerlwirt
Geheimtipp an der B304 | 216

105 Zum Seewirt, Taverna Limni
Ein abgelegenes Idyll | 218

106 Zum Unter'n Wirt
Eine Sausemmel auf die Hand | 220

107 Zur Buche
Eine kühle Oase im Sommer | 222

108 Zur Gartenlaube
Die neugierige Blaumeise | 224

109 Zur Gartler Hütte
Zwischen Villenviertel und Bahndamm | 226

110 Zur Linde
Nicht weit vom Dantebad | 228

111 Zur Schwalbe
Im schönsten Biergarten des Westends | 230

1 Alles Wurscht

Am Nikolaiplatz

Verglichen mit den Currywursthochburgen nördlich des Weißwurstäquators ist die Anzahl an klassischen Imbissbuden in München recht überschaubar. Fündig werden kann man zum Beispiel in Altschwabing. Am Nikolaiplatz, der – von Touristen weniger stark frequentiert – zwischen Leopoldstraße und Englischem Garten liegt und nur acht Fußminuten von der Münchner Freiheit entfernt ist, befindet sich das Alles Wurscht. Der Name ist Programm: Es gibt rote, weiße oder vegane Currywurst mit hausgemachter Currysoße, Nürnberger, Bratwurst, pikante Feuerwurst und Käsekrainer. Dazu normale oder Süßkartoffel-Pommes. Die Preise sind günstig wie in jedem klassischen Imbiss. Einige Gäste halten die Currywurst im Alles Wurscht für die beste Münchens, manche vergleichen sie gar mit der Berliner Variante. Vegetarisches gibt es übrigens auch – in Form von Salaten und einer Suppe.

Claudia Ott betreibt den Imbiss am Nikolaiplatz seit 2008. Das kleine Gebäude, ein ehemaliges Handwerkerhaus aus dem Jahr 1830, das vor 2008 als Kiosk fungierte, hat sie zusammen mit ihrer Familie aufwendig renoviert und mit viel Liebe zum Detail gestaltet. Zum Imbiss gehört auch ein kleiner, von begrünten Mauern umgebener Innenhof mit einem japanischen Kirschbaum und vielen bunten Möbeln und Lampions. Auch die Sitzplätze vor dem Lokal mit Blick auf den Fischerbrunnen sehen sehr einladend aus. Den Lärm der Leopoldstraße hört man hier überhaupt nicht.

Beim Verlassen des Imbisses fällt der Blick auf die unter Sonnenschirmen sitzenden Menschen im mondän-idyllischen Garten der Seidlvilla, seit 1991 ein öffentliches Bürger- und Kulturzentrum. Zu Beginn der 1970er Jahre wären die Seidlvilla und die Handwerkerhäuser am Nikolaiplatz fast abgerissen worden. Ein Hotel- oder Kaufhauskomplex sollte stattdessen entstehen. Doch die heftigen Proteste der Schwabinger haben diesen historischen Kern Schwabings gerettet.

Adresse Nikolaiplatz 3, 80802 München-Schwabing, Tel. 089/34077443, www.alles-wurscht.com | MVV U3, U6, Haltestelle Giselastraße oder Münchner Freiheit; Bus 54, N40, N41, Haltestelle Hohenzollernstraße | Öffnungszeiten Di–Fr 11–20 Uhr, Sa 12–21 Uhr, je nach Wetter im Sommer auch bis 22 oder 23 Uhr | Tipp Im Museum Mineralogia München in der Theresienstraße 41 kann man Edelsteine, Kristalle und Mineralien bewundern. Auch wertvolle Meteoriten, darunter ein 289 Kilogramm schwerer Eisenmeteorit aus Namibia, sind Teil der öffentlichen Sammlung.

2 Alte Post

In geschichtsträchtiger Umgebung

Auf der schweren Bierbank am Eingang des Wirtshauses sitzen ein paar Einheimische und beobachten die Szene am Marienplatz im Zentrum Ebersbergs. Der schönste Platz in diesem Lokal ist kurz vor Mittag noch verwaist. Es ist ein kleiner Innenhof im rückwärtigen Teil des Gebäudes. Nur ein paar Tische stehen hier dicht beieinander. Die Mauern sind mit viel Efeu und blühenden Blumen umwachsen. Im Eck ist ein Graffiti-Gemälde mit der Außensicht der Gasthoffassade und des Vorplatzes.

Noch während wir die Speisekarte studieren, strömen weitere Gäste in den Innenhofgarten, glücklich, dass sie hier noch einen Platz erwischt haben. Die Karte enthält bayerische Klassiker und »Balkan-Spezialitäten«. Wir bestellen das preiswerte Tagesgericht, den Rollbraten mit Kartoffelsalat, der in seiner gestampften Form ein wenig an Kartoffelpüree erinnert und zusammen mit der leichten Soße und den zwei krustigen Bratenscheiben ein solides bayerisches Gericht ergibt. Glücklich machende Hausmannskost. Dazu ein Helles der Privatbrauerei Gut Forsting. Die Alte Post ist ein authentisches bayerisches Wirtshaus. Das Gebäude selbst ist etwa 400 Jahre alt. Geleitet wird die Gaststätte seit acht Jahren von Thomas Binder.

Da das Lokal so zentral liegt und nur einen Katzensprung von der Wallfahrtskirche St. Sebastian entfernt ist, drängt sich ein Besuch dieser sehenswerten Kirche geradezu auf. Nirgendwo sonst erfährt man mehr über die lange Geschichte Ebersbergs, das einst einer der bedeutendsten Wallfahrtsorte Süddeutschlands war. Der Grund liegt hinter einer mächtigen Stahltür mit einem 500 Jahre alten Sicherheitsschloss verborgen. Die sehr selten öffentlich zugängliche Sebastianskapelle über der Sakristei birgt die Hirnschale des heiligen Sebastian, die im 10. Jahrhundert aus Rom transferiert wurde. Wer mehr als das prachtvolle Kirchenschiff sehen will, kann im Pfarrbüro eine Kirchenführung vereinbaren.

Adresse Marienplatz 8, 85560 Ebersberg, Tel. 08092/21424 | **MVV** S4 oder S6, Haltestelle Ebersberg Bahnhof, von dort circa 8 Minuten zu Fuß | **Öffnungszeiten** täglich außer Mi 10–23 Uhr | **Tipp** Eine Brauereiführung durch die private Brauerei Gut Forsting im elf Kilometer entfernten Forsting mit Verkostung und einem Besuch des Brauereistüberls gilt als besonderes Highlight.

3 Alter Kernhof

Ein geschichtsträchtiger Ort

Der Alte Kernhof hat eine lange Geschichte. Schon im 17. Jahrhundert wird das Denninger Anwesen in Urkunden erwähnt. Früher hieß der Hof noch Keglhof und gehörte dem Kloster Ettal, das sich damals zu einem bedeutenden Wallfahrtsort entwickelt hatte. Im 19. Jahrhundert nahm die Familie Kern den Hof in Besitz. Seitdem heißt er Kernhof. Direkt nebenan wurde eine Ziegelei gebaut, denn Denning lag auf kostbarem Boden. Im Osten von München zwischen Ramersdorf und Ismaning erstreckte sich eine zwei bis drei Kilometer breite Lehmzunge. In diesem Gebiet entstanden über die Jahrhunderte mehr als 100 Ziegeleien, die das Baumaterial für ganz München lieferten. 1920 wurde die Ziegelei am Alten Kernhof abgerissen. Der heutige Kernhof ist identisch mit einem Neubau aus dem Jahr 1899. Auch damals gehörte zum Wohnhaus schon eine Gaststätte.

Seit 2016 wird das Lokal von Ivan Debiasi und seiner Familie geführt. Es ist wie in den 38 Jahren zuvor ein italienisches Restaurant geblieben. Angeboten werden italienische und speziell auch Südtiroler Küche. Zum Biergarten gelangt man über einen kleinen Anstieg, der Garten liegt auf einem Plateau über der Straße. Ein schöner, schattiger, kühler Ort im Sommer, umgeben von sehr hohen Kastanienbäumen; zusammen mit dem massiven Gebäude entsteht eine besondere Atmosphäre. Die Innenräume vermitteln mit dem alten Mobiliar, den ums Eck angeordneten Sitzbänken und den teils holzvertäfelten Wänden einen gemütlichen 80er-Jahre-Charme.

Die Speisekarte bietet eine große Auswahl an Steinofenpizzen, darunter eine Pizza Dolomiti mit Tiroler Speck und Kartoffeln. Auch die Pasta ist variantenreich. Gäste schätzen nicht nur die Qualität von Pizza und Pasta, sondern beispielsweise auch die Spareribs, die es sogar als halbe Portion mit Rosmarinkartoffeln gibt, das Rindercarpaccio und die Calamari. Unschlagbar günstige Menüs bietet die Mittagskarte.

Adresse Denninger Straße 233, 81927 München-Bogenhausen, Tel. 089/936133, www.alterkernhof.de | **MVV** S2, S4, S6, S8, Haltestelle Berg am Laim; Bus 185, Haltestelle Hermann-Gmeiner-Weg (direkt am Lokal) | **Öffnungszeiten** täglich außer Sa 11–21 Uhr, warme Küche 11–14 und 17–21 Uhr | **Tipp** Das erste und einzige malaysische Restaurant Münchens, das Champor, liegt 100 Meter entfernt in der Warthestraße 5.

4 Alter Wirt Eching

Im Landkreis Freising

Wer in Eching den Alten Wirt sucht und nach einem historischen Wirtshaus Ausschau hält, wird erst einmal vorbeilaufen. Man muss schon genauer hinsehen, denn das Gasthaus ist heute in einem modernen Gebäude untergebracht, im sogenannten »Ladenzentrum Alter Wirt«. Die einst älteste Gaststätte Echings, die bereits im 17. Jahrhundert in einer Steuerbeschreibung erwähnt wird, wurde 1968 abgerissen und es entstand ein gleichnamiges Ladenzentrum, in welchem die Gaststätte integriert ist.

Neben dem behaglichen Stüberl, das mit dekorativen Holzbalken ausgekleidet ist und in dem gut 40 Personen Platz finden, spielt der Biergarten die Hauptrolle. Der Garten ist von außen kaum einsehbar, verborgen hinter Hecken und Sträuchern und zwischen Häusern liegend. Es gibt etwa 200 Plätze, dennoch wirkt er klein und beschaulich. Im Sommer sitzt man hier – im Herzen Eching – unter dem Blätterdach hoher Kastanien- und Ahornbäume angenehm schattig.

An der Schänke steht Reinhard Sagermann (»Sage«), ein Echinger Kultwirt, der das Lokal Ende 2017 übernommen hat. Das Bier stammt vom Augustiner und von der Schlossbrauerei Au, sogar Goaß- und Laterndlmaß sind im Angebot. Die Tafeln an Schänke und Küche zeigen gut sichtbar die preiswerten bayerischen Speisen. Die Frau hinter der Theke empfiehlt den Rollbraten mit Knödeln und Speckkrautsalat, der zu Recht beliebt ist. Von den Gästen überaus geschätzt werden auch das Brotzeitbrettl, die Spareribs und der Steckerlfisch, den es nur freitags gibt. Der Garten ist ein angesagter Treffpunkt der Einheimischen. Münchner, die sich einmal hierhin verirrt haben, empfinden das Lokal als Geheimtipp.

Ein Besuch lässt sich mit einem Tag an einem der Badeseen rund um Eching verknüpfen. Mit dem Rad fährt man vom Alten Wirt ein Stück auf der Oberen Hauptstraße und dann auf dem ruhigen Klosterweg in fünf Minuten direkt bis zum größten, dem Hollerner See.

Adresse Danziger Straße 2, 85386 Eching, Tel. 089/3191837, www.alterwirt-eching.de | MVV S1, Haltestelle Eching | Öffnungszeiten Biergarten: Mai–Okt. täglich ab 15 Uhr (bei Sonne und warmem Wetter); Stüberl: Mo–Fr 17–24 Uhr; keine Kartenzahlung | Tipp Von Eching aus ist Freising mit der S1 in zwölf Minuten erreichbar. Der Freisinger Dom mit seiner Hallenkrypta aus dem 12. Jahrhundert ist eine der sehenswertesten Kirchen Bayerns.

5 Amari Kantine & Bar

Kreative Freiräume

Die elegante Sonnenterrasse wird überall in den höchsten Tönen gelobt. Doch bei über 35 Grad betreten wir trotz zahlreicher Sonnenschirme und Liegestühle lieber die Innenräume des Amari. Schon beim Öffnen der Tür merkt man, dass hier der ideale Platz ist, um einen entspannten Nachmittag zu verbringen und Zuflucht zu suchen vor der Mittagshitze. Die dicken Mauern des Backsteingebäudes, hinter denen es so angenehm temperiert ist, gehörten vor nicht langer Zeit zum ehemaligen Gesundheitshaus an der Dachauer Straße zwischen Stiglmaierplatz und Maßmannpark, das 2021 zum größten kulturellen Zwischennutzungsprojekt Münchens wurde. Das Amari ist nur ein winziger Teil des 15.000 Quadratmeter großen Areals.

Zwischennutzungen sind ideal, um leer stehende Gebäude vor Verfall zu bewahren, und günstige Gelegenheiten, um sich kreativ auszuprobieren. Genau das spürt man auch im Amari, das Vorläufige, Temporäre genauso wie die Freiheit und den Drang, eigene Ideen zu verwirklichen.

Der Streetfood-erfahrene Zeno Kratzer hat sich mit einem innovativen Barchef, dessen ausgefallene Cocktails sich schnell rumgesprochen haben, und einem Koch, der aus der gehobenen Gastronomie kommt, zusammengetan. Hier lässt sich ungestört bei einem Kaffee am Notebook arbeiten, etwas aus der moderatpreisigen Mittagskarte wählen, die verheißungsvolle Abendkarte studieren oder einen noch unbekannten Cocktail, Wein oder Whiskey der umfangreichen Getränkekarte genießen. In dem hellen Innenraum mit Kassettendecke und großen Fensterfronten ist Industrial Style lässig kombiniert mit der Andeutung eines Wohnzimmers: zwei Sofas, Sessel und Teppich neben ansonsten schlichten Stühlen an langen oder kleinen Tischen und hier und da ein paar Pflanzen, die sich nicht aufdrängen.

Neben dem Amari befindet sich das Kunstlabor 2, ein Kulturzentrum mit etwa 100 Ateliers und wechselnden Ausstellungen.

Adresse Dachauer Straße 90, 80335 München-Maxvorstadt, Tel. 089/20568556, www.amari.bar, www.kunstlabor.org | MVV Tram 20, 21, 29, N20, Haltestelle Sandstraße | Öffnungszeiten siehe Website | Tipp Das 89Anju in der Luisenstraße 47 in der Maxvorstadt ist das neueste koreanische Restaurant in München, und es liegt voll im Trend.

6 Ameiseinstüberl

Idyll an der Amper

Das zur Kleingartenanlage Amperstadt gehörende Ameisenstüberl liegt relativ entkoppelt am Rand der Anlage, von baumbestandenen Wiesen und dem dichten Grün des Amperufers umgeben. Der Ampersee befindet sich nur wenige Meter entfernt. Das Ameisenstüberl ist, was Ambiente und Umgebung betrifft, ein eher untypisches Kleingartenlokal. Nähert man sich ihm von der Schöngeisinger Straße, fällt einem sofort der große, variantenreiche Spielplatz auf, der direkt am Biergarten liegt. Ideal für Familienausflüge. Einen Zugang zum Lokal gibt es auch über den Uferweg der Amper.

Die Gasthütte mit circa 70 Plätzen hat einen Vorbau, eine überdachte Holzveranda, die auch als Wintergarten benutzt wird, mit diversen Sitzgelegenheiten und einer gemütlichen Sofaecke. Im lauschigen Biergarten unter Schatten spendenden Bäumen finden über 100 Gäste Platz. Beschaulich, ruhig, gesellig, viele Stammgäste, Ortsansässige, Ausflügler, mitten in der Natur des Amperufers. Im Biergarten wird man freundlich und aufmerksam bedient, die Speisekarte bietet bayerische Hausmannskost, darunter Obazda, Wurstsalat, diverse Bratwurst- und Schnitzelsemmeln, drei verschiedene Burger, auch einen vegetarischen, sowie Currywurst mit »Crispers-Kartoffeln«, selbst gemachtes Tiramisu, Schmandkuchen und Dinkelwaffeln. Die Preise sind moderat. Die Zutaten stammen aus der Region. Biere kommen von Hacker-Pschorr und Paulaner, die offenen Weine aus der Pfalz.

Wer sich sportlich betätigen möchte, kann sich beim Personal Frisbeescheiben oder Bocciakugeln ausleihen oder den bis 19 Uhr geöffneten Minigolfplatz gegenüber besuchen. Naturinteressierte schlendern durch das Gartentor zum langen Holzsteg des Ampersees. Dort hat man eine Aussicht auf den See, das Kloster Fürstenfeld und die wilde südöstliche Amperseite. Vogelliebhaber können mit Glück einen Eisvogel oder eine Wasseramsel beobachten.

Adresse Kleingartenverein Amperstadt, Schöngeisinger Straße 133, 82256 Fürstenfeldbruck, Tel. 0171/5197012, www.ameisenstueberl.de | **MVV** S3, S4, S20, Haltestelle Fürstenfeldbruck (30 Minuten zu Fuß) oder Haltestelle Buchenau (20 Minuten zu Fuß) | **Öffnungszeiten** ganzjährig Do–Sa 13–22 Uhr, So 11–20 Uhr | **Tipp** Ein Spaziergang in den Amperauen oder eine Besichtigung des barocken Klosters Fürstenfeld bietet sich an.

7 Andelong Asia Imbiss

Spezialitäten aus Schanghai

Der äußerlich unscheinbare chinesische Imbiss liegt etwas abgelegen in einer Nebenstraße der Fürstenrieder Straße im Nirwana südlich der A96. Im Innern stehen ein paar Tische und Stühle, die im Sommer auch gern draußen vor dem Eingang aufgestellt werden. Ein einfacher, flexibler Imbiss, wie man ihn auch von Straßenküchen kennt.

Im Innenraum hängt eine großflächige Fotoleinwand mit Nahaufnahmen der über 60 Spezialitäten, die das aus Schanghai stammende, sehr freundliche und tiefenentspannte ältere Betreiber-Ehepaar zubereitet. Es gibt sowohl Schanghaier Spezialitäten als auch allgemein bekannte asiatische Wokgerichte und Sushi. Sehr beliebt sind die Xialongbao Schanghaier Art, gedämpfte Teigtaschen in verschiedenen Varianten, mit Fleisch und Brühe oder mit Gemüse gefüllt und in Portionen zu vier bis zehn Stück. Daneben gibt es auch gekochte und gebratene Maultaschen. Großen Anklang finden ebenfalls die Suppen mit Wan Tan, Letztere werden auch gebraten oder mit Suppennudeln angeboten. Beliebt sind zudem die Nudeln mit Schanghai-Soße.

Angesichts der vielfältigen Speisenauswahl und der günstigen Preise stellt man sich schon vor, was man beim nächsten Besuch probieren möchte. Das mit 11,80 Euro teuerste Gericht ist eine besondere Delikatesse, die ab zwei Portionen am Vortag bestellt werden muss: acht gebratene »Knödel Andelong Art«. Das Schöne: Es gibt zahlreiche kleine Beilagen, aus denen man bei wenig Hunger oder zum Probieren auswählen kann, neben vielem Vegetarischen unter anderem eine sehr gute Peking-Suppe und Fleischbällchen Schanghaier Art, die wirklich köstlich sind und auch mit Nudeln bestellt werden können. Für uns sehr exotisch wirkende geschmorte Schweineohren und eingelegte Hühnerfüße sind ebenfalls darunter.

Wer keinen Platz mehr findet oder es gern gemütlicher hat, kann das Essen auch im kleinen Biergarten der benachbarten Kneipe »Sofa so good« zu sich nehmen.

Adresse Ossingerstraße 2, 81375 München-Hadern, Tel. 0162/8600341 | **MVV** Bus 51, 151, Haltestelle Andreas-Vöst-Straße | **Öffnungszeiten** Mi–Sa 11.30–15 und 17.30–22 Uhr, So 13–22 Uhr; keine Kartenzahlung | **Tipp** Im »My Stolz« in der Fürstenrieder Straße 152 gibt es neben Burgern mit Krokodil-, Känguruh-, Straußen- und Bisonfleisch auch mehrere vegetarische Varianten.

8 Beachbar Kleines Seehaus

Kurzurlaub in St. Heinrich

Kenner des Starnberger See – das sind solche, die den See schon mehrmals mit dem Fahrrad umrundet haben und an jedem Badeplatz waren – empfehlen diesen Ort. Die Beachbar Kleines Seehaus liegt auf einer Halbinsel auf der Südostseite des Starnberger Sees. Von der Straße aus ist es nicht zu sehen. Dazwischen liegt dichter Uferwald.

1996 pachtete Markus Sulzmann den alten Kiosk der Halbinsel, nach aufwendigen Umbauten entstand das »Kleine Seehaus«, das zu einem renommierten Fischrestaurant wurde. Bald eröffnete er auch eine Beachbar mit Selbstbedienung, die zunehmend in den Mittelpunkt rückte. Das »Kleine Seehaus« mit Terrasse wird heute meist nur noch für gebuchte Privatveranstaltungen geöffnet. Der Außenbereich wurde ausgeweitet, auf einer 50 Quadratmeter großen Fläche wurde feiner Sand aufgeschüttet, ein Biergarten entstand, ein Spielplatz mit einer Bobbycar-Bahn wurde gebaut. Liegestühle und Strandkörbe kamen dazu. Von hier aus hat man einen unnachahmlichen Ausblick gen Süden auf die Alpen und auf den langen Steg, der für Sonnenanbeter und Badende das Glück auf Erden bedeutet.

Das Angebot der Beachbar ist begrenzt auf wenige Gerichte mit hochwertigen, vorwiegend regionalen Zutaten. Übliches wie Currywurst, Fleischpflanzerl, Burger oder Pommes ist ebenso zu finden wie Tom Yum, eine Kokossuppe mit Gemüse, und Thai Curry, beides auf Wunsch auch mit *Saté*-Spießen. Als Höhepunkt erscheint die Bouillabaisse, die mit einem knusprigen Baguette gereicht wird. Daneben gibt es zwei, drei wechselnde Tagesgerichte. Erwähnenswert sind die ausgewählten Weine, die auch flaschenweise verkauft werden.

Für Besucher, die mit öffentlichen Verkehrsmitteln unterwegs sind, ist die Halbinsel ab Seeshaupt mit dem drei- bis viermal am Tag fahrenden Bus oder – sehr zu empfehlen – per Rad (Fahrradverleih im Ort) zu erreichen. Die zweite Hälfte des Radweges führt direkt durch den herrlichen Uferwald.

Adresse Buchscharnstraße 11, 82541 St. Heinrich, Tel. 08801/550, www.kleines-seehaus.de | MVV RB 66 oder RB 6 bis Seeshaupt oder S6 bis Tutzing und von dort mit der Regionalbahn weiter; Bus 373 vom Bahnhof Seeshaupt, Haltestelle Pischetsried (fährt selten) | Öffnungszeiten Saison: Mitte März – Ende Okt. bei schönem Wetter, Genaueres siehe Website; keine Kartenzahlung | Ausstattung großer gebührenpflichtiger Parkplatz | Tipp Ungewöhnlich moderne, kreative Küche bietet »Unsere Dorfwirtschaft« in Seeshaupt.

9 Bernds Bienenstock

Kultur und Natur vereint

Bernds Bienenstock ist ein Unikat. Eine feste Speisekarte gibt's nicht. Das Speisenangebot wechselt täglich. Bernd ist ein leidenschaftlicher Koch. Der Gast kann zwischen bis zu vier Gerichten auswählen. Was genau das sein wird, kann man telefonisch erfahren. Oder man lässt sich überraschen. Ab fünf Personen aufwärts werden sogar Essenswünsche erfüllt, wenn sie mindestens zwei Tage zuvor geäußert werden. So steht es auf der Website. Der weit verbreitete Personalmangel in der Gastronomie macht sich allerdings auch hier bemerkbar. Es gibt Tage, an denen Bernd Jung Service und Küche ganz allein managt.

Der gebürtige Wuppertaler ist vor langer Zeit in München hängen geblieben, wie er selbst sagt. Als er das Lokal einer der kleinsten Kleingartenanlagen Münchens vor über 13 Jahren übernahm, machte er daraus einen Ort, an dem man sich wie zu Hause fühlt. Man sitzt auf der grünen Wiese an Biertischen, in Nischen zurückgezogen auf Korbsesseln oder auf der überdachten Veranda, umgeben von einem bunten Blumenmeer aus Flammenblumen, Calibrachoa, Taglilien, Sommerastern, Petunien, Dahlien und Roten Sonnenhüten. Ketten weißer Lampions überspannen die Sitzplätze im Garten. Auch im Stüberl selbst wirkt alles persönlich, vertraut, wie im eigenen Wohnzimmer. Und es gibt eine gut eingerichtete Küche.

Ein anwesender Gast lobt Bernds perfekt gezapftes Augustiner. Der Gast ist ein bekannter Blues-Musiker, der eine Woche später im Garten auftreten wird. Seit zehn Jahren finden regelmäßig – zurzeit zweimal im Monat – Liveacts diverser Bands statt. Der Eintritt ist frei. Dann gilt es schon mal, bis zu 40 Personen mit Speisen und Getränken zu versorgen. Eine Herausforderung in diesen Zeiten. Einmal im Monat treffen sich hier die hiesigen Kleingärtner zum Stammtisch, und jeden Donnerstag findet ein Musikerstammtisch statt. Zuhörer sind willkommen.

Adresse Kleingartenanlage NO 18, Stadeweg 8, 81929 München-Bogenhausen, Tel. 089/420953392 oder Tel. 0157/36560963, www.bernds-bienenstock.de | MVV S1, S2, S4, S6, S7, Haltestelle Berg am Laim; Bus 149, 190, 191, N74, Haltestelle Zamdorf Siedlung | Öffnungszeiten Mo, Do–Sa 11–23 Uhr, So 10–20 Uhr | Tipp Die Mae Thai Garküche direkt an der Autobahn in der Zamdorfer Straße 84 ist ein angesagter Imbiss mit günstigem und authentischem thailändischen Essen.

10 Biergarten Mühlenpark

Auf nach Garching

Es lohnt sich, zu Fuß oder mit dem Fahrrad zu kommen. Wer mit der U6 anreist, steigt am U-Bahnhof Garching aus. Von dort geht man ein kurzes Stück über die Bürgermeister-Amon-Straße nach Süden und biegt dann links in die Mühlgasse ein, die sich am Ende in eine wunderschöne alte Allee mit knorrigen Linden verwandelt, auf der nur ab und zu ein Traktor vorbeifährt. Vor einem der Bäume hat jemand ein kleines Schild aufgestellt: »Achtung Wildbienen«. Bei näherem Hinsehen erkennt man die Flugschneise Hunderter Bienen am Rand der Gasse.

Nach nur zehn Minuten Fußweg ist der Mühlenpark erreicht. Der Biergarten liegt mitten im Grünen direkt an dem mächtigen Garchinger Mühlbach, über den eine Holzbrücke in die Umgebung und zu einem großen Spielplatz führt. Das im Bach stehende Mühlrad erinnert an die alte Getreidemühle, die bis 1970 in Betrieb war und deren Ursprünge bis ins Mittelalter zurückreichen. An typischen Biertischen und -bänken sitzt man hier unter 30 Jahre alten Kastanien, insgesamt hat der Biergarten über 650 Plätze, davon befinden sich 200 unter einem den Garten umschließenden Holzdach, das bei Regen ausreichenden Schutz bietet. Die Standardkarte umfasst allerhand preiswerte kleine Speisen, etwa Schweinswürstel mit Kraut, Currywurst mit Pommes, diverse belegte Semmeln und regionale Käsespezialitäten. Auf der Kreidetafel am Eingang stehen zudem täglich wechselnde Mittagsgerichte. Donnerstags gibt es Spareribs, an den Wochenenden Steckerlfisch.

Der idyllisch gelegene, reichlich Schatten spendende Biergarten ist im Sommer ein herrlicher Rückzugs- und Erholungsort. Nicht nur Garchinger, auch Münchner und viele Radler, die den Isarradweg entlanggefahren sind, bevölkern den Biergarten. Geführt wird der Mühlenpark seit Mitte 2020 von dem gebürtigen Garchinger und bekannten Wirt Simon Angermair und dessen Lebensgefährtin, die das alte bewährte Team gleich mit übernommen haben.

Adresse Mühlgasse 48, 85748 Garching, Tel. 089/3204975 | **MVV** U6, Haltestelle Garching, von dort zu Fuß über die Mühlgasse | **Öffnungszeiten** April–Ende Sept. Mo–Fr 11–23 Uhr, Sa, So und Feiertage 10–23 Uhr, nur bei schönem Wetter; keine Kartenzahlung | **Ausstattung** großer Kinderspielplatz, Parkplatz 5 Minuten entfernt | **Tipp** Im La Pergola gegenüber vom Garchinger U-Bahnhof wird die beste Pizza Europas gebacken. Der gebürtige Sizilianer Giovanni Stincone erlangte 2023 den ersten Platz bei der »European Pizza Championship Germany« in Hamburg.

11 Blumenhof Erding

Entspannt im Grünen

Wer mit den Öffentlichen unterwegs ist und am Bahnhof Erding ankommt, könnte einen der Busse zum Stadion nehmen, von dort sind es nur noch fünf Minuten zum Lokal. Man könnte aber auch – und das ist zu empfehlen – zu Fuß durch die sehenswerte Altstadt und ein Stück an der Sempt entlangschlendern, um dann am Stadion und dem Volksfestplatz vorbei nach etwa 30 Minuten zur Kleingartenanlage zu gelangen. Der Blumenhof Erding liegt am Rand der über 200 Parzellen zählenden Anlage direkt an deren südlichem Eingang.

Das Lokal ist in einem angenehmen Terrakotta-Orange gestrichen, das sehr schön mit dem Licht harmoniert, das auf die überdachte Veranda fällt. Der Stammtisch unter der schattigen Veranda ist besetzt mit 15 glücklichen Einheimischen. An einer Ecke der Veranda hat sich eine Skatrunde eingefunden. Um die Linde und den stattlichen Ahorn in der Mitte des Biergartens finden sich schattige, halbschattige und sonnige Plätze für circa 150 Personen. Von hier aus blickt man auf einige in verschiedenen Farben gestrichene Hütten der Kleingärten und den hohen Baumbestand am nahen Ettinger Fehlbach.

Der Blumenhof ist ein naturnahes Idyll – fern jeglichen Straßenlärms. Auf der Speisekarte stehen preiswerte Fleisch-, Fisch- und vegetarische Gerichte der deutschen und kroatischen Küche. Das »Zigeunerschnitzel« erinnert an Kindheitstage und schmeckt köstlich mit dem frischen Pfeffer und der scharfen Soße. Einen guten Eindruck machen auch der Grillteller und der Zwiebelrostbraten auf dem Nachbartisch. Beilagenänderungen sind kein Problem. Ein sehr günstiges Mittagsmenü gibt es ebenfalls. Angeboten werden zudem eine ganze Reihe klein portionierter Gerichte, unter anderem Schnitzel, Kotelett oder Cevapcici mit Pommes.

Nach dem Essen bietet sich noch ein Ausflug zum Kronthaler Weiher an, den man am Ettinger Fehlbach in nördlicher Richtung entlanggehend in zehn Minuten erreicht.

Adresse Kleingartenanlage Erding, Schützenstraße 14, 85435 Erding, Tel. 08122/1870366 | MVV S2, Haltestelle Erding; Bus 511, 512, 530, 540, Haltestelle Erding Stadion, von dort 5 Minuten über den Volksfestplatz | Öffnungszeiten Mo, Di, Do–Sa 10–22 Uhr, So und Feiertage 10–20 Uhr; drinnen 80 Plätze | Ausstattung großer Parkplatz in der Nähe, Spielplatz | Tipp Mit Kindern lohnt sich ein Besuch des Stadtparks Erding mit großem Kletter- und Wasserspielplatz, Streichelzoo und Vogelvoliere.

12 Boazn

Isarrauschen

Im Gemäuer unter dem nördlichen Teil der Ludwigsbrücke am Müller'schen Volksbad befindet sich dieses ungewöhnliche Lokal. Unmittelbar am Fußgänger- und Radweg des Isarufers gelegen, zieht es ein breit gestreutes Publikum fast aller Altersklassen an. Allein etwa 3.000 Radler fahren hier jeden Tag vorbei. Ungezählt sind die vorbeigehenden Passanten.

Ursprünglich war in dem Brückenpfeiler eine öffentliche Bedürfnisanstalt untergebracht. 1901 erbaut, wurde die Anlage 2015 neu ausgeschrieben. Unter 100 Bewerbern erhielt der gastro- und eventerfahrene Yilmaz Demir den Zuschlag für sein Boazn-Konzept. Nicht nur die baulichen Herausforderungen waren immens. Nach acht Jahren konnte das Lokal im Juli 2023 endlich eröffnen.

Die Kupferverkleidung in Kombination mit dem lasierten Holz der Tische und Bänke prägt das optische Erscheinungsbild des Lokals. Im Innern, in dem sich neben dem Herzstück, der Bar, noch ein DJ-Pult befindet, kommt noch das gedimmte warme Licht hinzu. Im Sommer sitzt man tagsüber wie in einem Bistro auf der schönen Außenterrasse und genießt den Blick auf die rauschende Isar, in der Nacht beginnt die Party und der Innenraum verwandelt sich in ein Tanzlokal. Und das bis weit nach Mitternacht. Denn die nächsten Anwohner leben am gegenüberliegenden Isarufer, und die Brücke und das Flussrauschen schlucken den Rest.

Ein Highlight auf der umfangreichen Getränkekarte ist das eigens für dieses Lokal gebraute »Boazn«-Bier, das es als Helles, Weißbier und Radler gibt. Die einseitige Speisekarte enthält kleinere Snacks wie Nachos mit Käse, Obazda oder eine Karotten-Linsen-Suppe, ferner große, belegte Sandwiches, Brotzeitplatten und überbackene Champignons mit Käse- oder Wurstvariationen. Letzteres gibt es auch mit gebackenem Leberkäse. Sogar auf den Winter ist man vorbereitet. Dann gerät die Holzterrasse unter einen Pavillon mit Heizstrahlern.

Adresse Karl-Müller-Weg, Ludwigsbrücke 2, 81667 München-Au-Haidhausen, Telefon 0171/8482583, www.boazn.de | MVV S1–S4, S6–S8, Haltestelle Isartor; Bus 132, Haltestelle Ludwigsbrücke | Öffnungszeiten So–Mi 14–1 Uhr, Do–Sa 14–3 Uhr | Tipp Das 900 Meter entfernte Johannis Café (Johannisplatz 15) ist eine urige Kneipe mit Jukebox und günstigen Speisen, die freitags und samstags sogar bis 4 Uhr offen hat.

13 Bohemia

Tschechische Kochkunst

In der Grünwalder Straße nahe dem Sechzgerstadion gibt es mit dem Bohemia ein kleines Lokal mit ausschließlich tschechischer Küche zu entdecken. Geführt wird es seit 2021 von einem jungen Paar aus Brünn (Mähren). Während Lenka Pernicova kocht, bewirtet Ivo Pernicova die Gäste. Im Innenraum finden etwa 20 Personen Platz, in dem kleinen Gärtchen unter dem großen Sonnenschirm stehen noch mal vier Tische. Die Speisekarte ist übersichtlich, die Entscheidung fällt dennoch nicht leicht, alles hört sich verheißungsvoll an. Der gut gelaunte Wirt empfiehlt den geschmorten Rinderbraten (Svíčková) mit Gemüserahmsoße, böhmischen Knödeln und Preiselbeeren. Beim gezapften Bier hat man die Wahl zwischen dem tschechischen Pilsner Urquell, das in typischen dickbauchigen Gläsern serviert wird, oder einem Augustiner. Daneben gibt es noch drei tschechische Biersorten aus der Flasche, darunter ein alkoholfreies, und mehrere südmährische Weine.

Der Rinderbraten verschwindet gänzlich unter der sämigen Gemüserahmsoße, die zusammen mit dem zarten Fleisch köstlich schmeckt. Die in Scheiben geschnittenen Teigknödel (Knedliki) sind schön fluffig und lassen sich, nicht nur was Konsistenz, Aussehen und Geschmack betrifft, mit unseren Kartoffelknödeln nicht vergleichen. Die üppige Soße lässt sich damit wunderbar aufsaugen. Ein Gericht, das richtig guttut und Lust macht auf die tschechische Küche im Allgemeinen. Diese präsentiert sich auf der Speisekarte mit all ihren traditionellen Klassikern, darunter Schweinebraten mit mährischem Kohl, sauer eingelegte Wurst (Utopenec) und panierter Käse mit Tatarsoße. Nicht zu vergessen die Nachspeisen: Powidltaschkerl, Palatschinken und die böhmischen Särgchen mit Sahne (Rakvičky). Jede Woche steht ein neues zusätzliches Hauptgericht auf der Karte. Wie groß das Repertoire der Köchin ist, zeigen die Fotos auf der Website und auf Facebook.

Adresse Grünwalder Straße 71, 81547 München-Untergiesing-Harlaching, Tel. 089/20076057, www.bohemiamunchen.jimdosite.com | **MVV** U1, Haltestelle Wettersteinplatz; Tram 25, Bus N27, Haltestelle Kurzstraße | **Öffnungszeiten** Mi–So 13–22 Uhr | **Tipp** In der Fausto Kaffeerösterei (Birkenleiten 43) am Auer Mühlbach kann man nicht nur edlen Kaffee kaufen, sondern auf der Terrasse vor Ort auch frisch gerösteten Kaffee und Kuchen genießen.

14 Bootshaus

Sanfter Tourismus an der Isar

Das Bootshaus liegt gegenüber vom Münchner Tierpark, zwischen Mühlbach und Isarwerkkanal, direkt an der Zentralländstraße. Man kann trotz des Hinweisschildes leicht vorbeilaufen oder -fahren, da der Eingang etwas unscheinbar wirkt, es ein Stück weit hineingeht und man das Gelände von außen kaum einsieht. Doch es lohnt sich. Eine gute Alternative zu den großen, überlaufenen Biergärten im Umkreis. Nach einem Spaziergang entlang der Isar Richtung Großhesseloher Brücke oder einem Besuch des gegenüberliegenden Tierparks kann man in dem idyllischen Biergarten, umgeben von hohen Laubbäumen, in zwangloser Atmosphäre entspannen, in die Sonne blinzeln und die Ruhe genießen. Wer keinen Platz an einem der Biertische findet, macht es sich auf der grünen Liegewiese bequem, an die ein großer Spielplatz grenzt. Ideal für Familien, auch weil das Gelände von einem Zaun umschlossen ist.

Der Biergarten ist nur bei gutem Wetter geöffnet, denn es gibt keine Innenräume, in die man sich zurückziehen kann. Am Schankfenster werden typisch bayerische Gerichte, darunter auch Vegetarisches, angeboten. Neben dem Haus befindet sich eine kleine Grillstation. Beliebt sind unter anderem das Rindergulasch, die Spareribs und der Steckerlfisch. Auch die hausgemachten Kuchen kommen gut an. Die Preise sind günstig. Wie in den meisten bayerischen Biergärten üblich, ist auch hier das Mitbringen der eigenen Brotzeit erlaubt.

»Touristenverein – die Naturfreunde« steht auf dem metallenen Wappen an der Hauswand. So nannte sich die 1895 in Wien gegründete Organisation, die sich für Natur- und Umweltschutz und »sanften Tourismus« einsetzt. Heute ist sie in mehr als 40 Ländern weltweit vertreten. Das Bootshaus ist eines von fast 400 Naturfreundehäusern in Deutschland, in Europa gibt es mehr als 700 davon. Näheres erfährt man auf der Website der Organisation (www.naturfreunde.de).

Adresse Vereinsgaststätte der Naturfreunde, Zentralländstraße 16, 81379 München-Thalkirchen, Tel. 0176/24711475 | **MVV** U3, Haltestelle Thalkirchen (Tierpark); Bus 135, Haltestelle Zentralländstraße | **Öffnungszeiten** März–Mitte Dez. Mo–Fr 12–22 Uhr, Sa, So 11–22 Uhr; keine Kartenzahlung | **Ausstattung** großer Spielplatz, kleiner Parkplatz | **Tipp** Das schönste Freibad Münchens, das Naturbad Maria Einsiedel, ist nur fünf Fußminuten entfernt. Besonders ist der das Gelände durchquerende Mühlbach, in dem man sich treiben lassen kann.

15 Bräustüberl Forschungsbrauerei

Als Forscher unterwegs

Das mit einem schönen kleinen Biergarten ausgestattete Bräustüberl entstand 1936, einige Jahre nachdem Gottfried Jakob an gleicher Stelle die Forschungsbrauerei gegründet hatte. Der umtriebige Ingenieur, der für die Erforschung neuer Biersorten und Brauereiverfahren zeitlebens zahlreiche Patente erhielt, war zu dem Schluss gekommen, dass die Qualität des Bieres nicht von einem kleinen Kreis von Experten, sondern letztlich nur vom zahlenden Biertrinker selbst beurteilt werden könne. Das Braustüberl wurde zur »Prüfstelle«, die Biertrinker zu unvoreingenommenen Mitforschern, auf deren Meinung man größten Wert legte.

Biere nach der Originalrezeptur von Gottfried Jakob sind auch heute noch fester Bestandteil der Getränkekarte, auf der sechs Biere angeboten werden, darunter zwei der »Kreativbrauerei Hopfenäcker«, die 2021 in die Räumlichkeiten der Brauerei einzog, welche nach einem Schaden am Sudhaus seit 2018 leer stand. Das Bier der Forschungsbrauerei wird seit 2018 in einer externen Brauerei hergestellt.

»Sie haben sich den kühlsten Platz ausgesucht«, sagt die freundliche Kellnerin, als ich mich bei 30 Grad endlich für einen Platz entschieden habe. Bei der Auswahl des Bieres brauche ich Beratung. Sie empfiehlt mir, mit dem leichten Hellen anzufangen. Der Star in diesem »Institut« ist natürlich das Bier, aber die günstigen Speisen stehen dem in nichts nach. Ich bestelle das Wacholderfleisch auf Weinsauerkraut. Ein ideales Essen zum Bier. Drei Obazda mit Brezen bestellt die ältere Frau am Nachbartisch für sich und ihre Freundinnen. Eine Gruppe Studenten geht zum Taxi. Nun trinke ich ein süffiges »Pilsissimus«.

Das Stüberl liegt zwar direkt an einer Straße, aber diese verschwindet hinter einer riesigen Thujahecke. Den Lärm hört man dennoch, doch das stört hier niemanden.

Adresse Unterhachinger Straße 78, 81737 München-Perlach, Tel. 089/6701169, www.forschungsbrauerei-braeustueberl.de | MVV S7, Haltestelle Perlach; Bus 196, Haltestelle Weidener Straße (ab S-Bahnhof und Bushaltestelle circa 10 Minuten Fußweg) | Öffnungszeiten Mi–Sa 11–22.30 Uhr, So 11–22 Uhr | Ausstattung Spielplatz | Tipp Das »Tortenparadies« in der Unterhachinger Straße 24 bietet traditionell hergestellte Torten und Backwaren und ist zu Fuß in neun Minuten, mit dem Rad in zwei Minuten zu erreichen.

16 Brunnergarten

Steckerlfisch ab 15 Uhr

Wer noch nie im Luitpoldpark in Schwabing-West war, wird sich wundern, wie gut besucht dieser Park ist, obwohl er in unmittelbarer Nähe des sehr viel größeren und attraktiven Olympiaparks liegt. Der Luitpoldpark ist 1911 entstanden. Da sich die Maxvorstadt zunehmend vergrößerte, entschloss man sich, eine Grünflache für die Anwohner anzulegen. Rund um einen 70 Meter hohen Obelisken wurden 90 Linden und 25 Eichen zu Ehren des Prinzregenten Luitpold von Bayern gepflanzt. 1911 wurde am 90. Geburtstag des Prinzregenten, der 1912 starb, die letzte Eiche gesetzt und der Garten feierlich eröffnet. In der Folgezeit wurde der Park bis in die 1970er Jahre immer weiter vergrößert, bis er seine heutige Form annahm.

Der nördliche Teil des Luitpoldparks umschließt den Kleingartenverein NW 6. Hier befindet sich der Brunnergarten, der schon seit Jahren als Geheimtipp gilt. Unter dem seit Anfang 2023 tätigen bosnischen Pächter ist das Team dasselbe geblieben, und auch die Speisekarte ist die altbewährte. Ein paar wenige Preise sind inflationsbedingt leicht gestiegen, aber das Essen ist immer noch günstig. Nach wie vor stehen Spareribs auf der Tageskarte, und ab 15 Uhr gibt es Steckerlfisch mit Brezen. Die Grillgerichte haben einen guten Ruf. Im hinteren Teil des Gartens gibt es sogar eine separate Grillstation. Bayerische Kost und Balkanküche bietet die Speisekarte. Die von Gästen gepriesenen Cevapcici aus Kalb- und Rindfleisch mit Pommes oder im Fladenbrot werden als große Portion mit zehn Stück und als kleine Portion mit fünf Stück angeboten. Auch andere Speisen gibt es in einer schmaleren Version. Sehr angenehm und kundenorientiert.

Das bunt gemischte, gesellige Publikum sitzt unter schattigen Kastanienbäumen oder auf der Veranda. Der Blick schweift auf drei entfernt stehende Hochhäuser, davor ein Wall von Grün. Es ist ein Ort, an dem man sich trifft und gern länger verweilt.

Adresse Kleingartenanlage NW 6, Schleißheimerstraße 280b, 80809 München-Schwabing-West, Tel. 089/96169877, www.zum-brunnergarten.de | **MVV** U3, U8, Tram 27, Bus 177, 178, Haltestelle Petuelring; U2, U3, U8, Tram 12, 28, Bus 140–144, Haltestelle Scheidplatz | **Öffnungszeiten** täglich 9.30–22 Uhr; keine Kartenzahlung | **Ausstattung** großer Parkplatz | **Tipp** Vom 37 Meter hohen Luitpoldhügel, einem Schutthügel aus dem Zweiten Weltkrieg, kann man ganz München überblicken und bei Föhn sogar bis zu den Alpen sehen. Im Winter verwandelt sich die Anhöhe zu einer der steilsten Rodelbahnen Münchens.

17 Burg-Café

Eine griechische Taverne am Ebersberger Forst

Das Burg-Café liegt am Ortsrand von Pöring, einem Dorf, das zur Gemeinde Zorneding gehört. In Pöring stand seit dem 12. Jahrhundert tatsächlich einmal eine Burg, die während des Dreißigjährigen Kriegs im Jahr 1632 zerstört wurde. Im Burg-Café ist seit Februar 2020 eine griechische Taverne beheimatet. Die Köchin und Wirtin Lamprini Vergi hatte das damals verwaiste Gartenlokal zufällig auf einem Spaziergang entdeckt. Nach umfangreichen Renovierungsarbeiten verwandelten die Vergis, die viel Gastronomieerfahrung haben und Restaurants in Rottach-Egern und Tegernsee betrieben, das Lokal in eine authentische griechische Taverne. Das Burg-Café heißt schon seit über 30 Jahren so, daher wurde der Name beibehalten. Und bei näherer Betrachtung hat der Name etwas Schmückendes.

Die im charakteristischen Weiß gestrichenen Wände und eine blau-türkise Farbgebung, die den Garten und die Räume zieren, geben einem das Gefühl, eine Inseltaverne betreten zu haben. Das an einem weißen Tor angebrachte Fischernetz mit den darin hängenden Fischen und Muscheln, dem weiß-blauen Steuerrad und den gemalten Meereswellen lassen zusammen mit den überall im Garten an den Hecken baumelnden kleinen Ankern Urlaubsstimmung aufkommen. Und dann ist da noch der Blick auf den Ebersberger Forst, das größte zusammenhängende Waldgebiet in der Region München. Selten fährt ein Auto am Burggraben vorbei, es ist sehr ruhig hier.

Die Speisekarte enthält die bekannten griechischen Gerichte, deren individuelle Zubereitung jedoch positiv auffällt. Lamprini Vergi kocht nie nach Rezept, sondern intuitiv, so wie sie es von ihrer Mutter gelernt hat. Das Gyros etwa ist sehr weich angebraten und schmeckt vorzüglich, genauso wie die appetitanregenden frittierten Calamari und das frische Zaziki. Gäste loben unter anderem das Galaktobureko, die Metaxasoße des Hauses, die Salate und das gute Preis-Leistungs-Verhältnis.

Adresse Am Burggraben 21, 85604 Zorneding, Tel. 08106/9953403 | MVV S3, S4, S6, Haltestelle Zorneding Bahnhof, von dort 15 Minuten Fußweg; Alternative zur Straße: bei den Fahrradständern am Bahnhof den linken Pfad durch den Wald nehmen | Öffnungszeiten Mi–So 11–22 Uhr | Tipp Für Familien mit Kindern interessant: Im Ebersberger Forst befindet sich ein riesiger, perfekt in den Wald integrierter Spielplatz mit zahlreichen Geräten und Klettermöglichkeiten.

18 Café Gans am Wasser

Besuchermagnet im Westpark

Wie eine Miniaturausgabe des Tollwood-Festivals wirkt dieses sich vor dem Hintergrund dichter Baumreihen am Ufer des Mollsees ausbreitende Café mit den bunten Zelten, Holzbauten und unterschiedlichsten, teils phantasievollen, selbst gebauten oder bei Haushaltsauflösungen entdeckten Möbeln. Die Menschen sitzen nah am spiegelnden Wasser mitten in der Sonne oder unter orientalisch anmutenden Sonnenschirmen, Sonnensegeln, Zelt- oder Holzdächern. Am schattigsten und kühlsten ist es unter den Bäumen.

Am Eingang steht ein Bauwagen, der zum Grillkiosk umfunktioniert wurde. Angeboten werden Steak- und Bratwurstsemmel sowie Schweine- oder Putensteak mit Kartoffelsalat. An einem zweiten Kiosk gibt es Seitan-Gemüse-Kebap mit oder ohne Brot. An einem Imbisswagen – hier bildet sich die größte Warteschlange – werden eine Vielzahl an Getränken verkauft, auch frisch gepresste Säfte, Eisschokolade und Eiskaffee, daneben Kuchen und die bei allen beliebten, mit Schale frittierten Rosmarin-Pommes.

In einem großen, zu drei Vierteln offenen Zelt mitten im Areal befindet sich eine Bühne, auf der gerade ein Bluessänger auftritt. Die Musik verbreitet sich über das ganze Gelände. Daneben ist eine Bier- und Weinbar. Vor der Bühne haben es sich einige Zuhörer in einer Sessellandschaft bequem gemacht.

Das Freiluft-Café bietet ein zwangloses Ambiente mit vielen versteckten Winkeln, in denen man ständig ein neues Lieblingsplätzchen und eine neue Sicht auf den See und den Park entdecken kann. Einen Platz findet man in dem weitläufigen Gelände fast immer. Und neben den Konzerten werden zum Beispiel auch Lesungen, Tanzabende und Veranstaltungen für Kinder organisiert. Das »Gans am Wasser« ist ganzjährig geöffnet. In der kälteren Jahreszeit kann man sich in beheizten Zelten und an Feuerschalen versammeln. Im Winter wird regelmäßig ein großer Weihnachtsmarkt veranstaltet.

Adresse Siegenburger Straße 41, 81373 München-Sendling-Westpark, www.gansamwasser.de | MVV U4, U5, S7, Haltestelle Heimeranplatz; Bus 62, 130, 157, N43, Haltestelle Baumgartnerstraße | Öffnungszeiten Juni, Juli, Aug. Mo–Sa 10–24 Uhr, So und Feiertage 10–22 Uhr (bei Regen geschlossen); leicht geänderte Öffnungszeiten im Rest des Jahres, Infos siehe Website | Tipp Im Feierwerk an der Hansastraße treten regelmäßig Münchner Musiker und noch wenig bekannte überregionale und internationale Bands auf. Es finden auch jährliche Festivals wie das »Sound of Munich Now« oder das »Flowerstreet Festival« statt.

19 Café im Hinterhof

Kaffeehausatmosphäre und sri-lankisches Frühstück

Von der Straße aus sieht man es nicht. Wäre da nicht das wegweisende Schild, man würde glatt vorbeilaufen. Durch einen Hausdurchgang gelangt man in den von Häusern eingeschlossenen, angenehm schattigen Hinterhof und befindet sich mitten im Alltag zwischen Mülltonnen, abgestellten Fahrrädern und Nachbarn, die sich zufällig treffen und einen kurzen Plausch halten. Die in dunkles Holz eingefasste Front des Cafés ist recht klein. Auf der Scheibe steht in geschwungenen Lettern der Name des Lokals.

Betritt man das Café, kommt man in einen immer länger werdenden, verwinkelten Innenraum – ein entspanntes Ambiente, in dem man sich gleich wohlfühlt. Kaffeehaus-Atmosphäre. Alte Möbel in dunklem Holz, Art-déco- und Jugendstil-Leuchten, Ausstellungsplakate, Gemälde und Jugendstil-Glasmalerei an den Wänden und nicht zuletzt eine Auswahl an Tages- und Wochenzeitungen (es gibt sogar die »NZZ«), Magazinen und Sachbüchern, Comics und Romanen. Etwas, was in der Onlinewelt und seit der Pandemie nicht mehr in vielen Cafés zu finden ist. Und es ist zugleich eine Einladung und eine Aufforderung, sich länger aufzuhalten. Am Ende des Innenraums tritt man durch eine offene Flügeltür auf die begrünte, herrlich ruhige Sonnenterrasse, die sicht- und sonnengeschützt umrahmt wird von Ziergehölzen wie Pfeilbambus, Trompetenbaum und Kiwi.

Seit fast 40 Jahren existiert das Café im Hinterhof schon. Der Besitzer Jochen Oppermann hat es 1985 eröffnet und leitet es bis heute. Das breite Frühstücksangebot von vitaminreich bis deftig wird an Wochenenden erweitert durch ein traditionelles sri-lankisches Frühstück. Der Chefkoch kommt aus Sri Lanka. Neben dem Frühstück gibt es eine ganze Reihe kleiner Speisen und eine Tageskarte, unter anderem mit sri-lankischen und indischen Currys. An Wochenenden wird das hauseigene Klavier zwischen 10.30 und 13.30 Uhr regelmäßig von Pianisten bespielt.

Adresse Sedanstraße 29, 81667 München-Au-Haidhausen, Tel. 089/4489964, www.hinterhofcafe.jimdofree.com | **MVV** S1–S4, S6–S8, Haltestelle Ostbahnhof oder Rosenheimer Platz, 8 Minuten zu Fuß | **Öffnungszeiten** Mo–Sa 8.30–20 Uhr, So und Feiertage 9–20 Uhr; keine Kartenzahlung | **Tipp** Das Hallo Arepa (Di–Sa 11.30–21 Uhr) in der Rosenheimer Straße ist ein angesagter venezolanischer Imbiss: Es gibt gefüllte Arepas, Bowles, Maniok-Pommes und Kochbananen.

20 Cinque Ristorante

Gehobene Küche zu moderaten Preisen

Das Lokal liegt im Dorf Eschenried, das zu Bergkirchen, der mit 60 Quadratkilometern zweitgrößten Gemeinde im Landkreis Dachau, gehört. Drei Kilometer südlich befinden sich die Langwieder Seen, drei Kilometer nordöstlich der Waldschwaigsee. Die öffentlichen Verkehrsverbindungen in Bergkirchen sind spärlich. Vom Münchner Westen aus lässt sich ein Besuch des Restaurants statt mit dem Auto mit einer leichten Radtour über die Langwieder Seenplatte oder den Waldschwaigsee verknüpfen. Von der Münchner Straße biegt man ab zu dem kaum befahrenen Weg Zum Waldeck. Das Restaurant liegt idyllisch und ruhig im Grünen, ein kleines quadratisches Haus mit gemütlichem Innenraum. Von der umlaufenden, erhöhten Terrasse blickt man auf einige Tennisplätze.

Die Pizzakarte enthält die traditionellen Klassiker, daneben werden noch einige »Pizze Speciali« angeboten, die wir noch nicht kannten, darunter eine »Purpo« mit Tomatensoße, Mozzarella, Oktopus-Carpaccio, Rucola, Olive Taggiasche und eine »Friarielli« mit Tomatensoße, Mozzarella, Rapsblüten und Salsiccia. Wir entscheiden uns für Letztere, die auch ein Stammgast am Nebentisch bestellt hat. Zuvor reicht Fabio, der Wirt und Chefkoch, Brot mit Olivenöl. Die Pizza ist reichhaltig belegt, die Frische der Zutaten sieht und schmeckt man. Käse und Tomatensoße verbinden sich mit der Salsiccia und den Rapsblüten im idealen Moment. Ein echtes Geschmackserlebnis. Und sättigend ist es auch.

Auch die Pasta auf der Tageskarte macht Appetit, die Ravioli und die schwarzen Tagliolini sind hausgemacht. Und das Goldbrassen-Carpaccio mit Fenchelsalat und die Straccetti alla griglia werden für den nächsten Besuch vorgemerkt.

Das Cinque Ristorante mit angeschlossener Vinoteca wird von Gästen zu Recht als Geheimtipp bezeichnet. Man bekommt hier gehobene italienische Küche zu moderaten Preisen. Und das in einem sehr entspannten Ambiente.

Adresse Am Waldeck 5, 85232 Eschenried, Tel. 08131/3181842 | MVV mit öffentlichen Verkehrsmitteln schwer zu erreichen; nächste S-Bahnhöfe: Karlsfeld und Gröbenzell, von dort mit dem Rad weiter | Öffnungszeiten Mi–So 17–22 Uhr | Ausstattung ausreichend Parkplätze | Tipp Im 500 Meter entfernten Hofladen der Naturlandgärtnerei Sigi Klein (Münchner Straße 28) gibt es frisches Obst und Bio-Gemüse aus eigenem Anbau.

21_Crönlein

Zwischen Au und Giesing

Mitten in dem alten Gemäuer am Nockherberg, am Treppenaufgang zum Kronepark, öffnete 2018 ein Café, das seinesgleichen sucht. Nicht nur seine Entstehungsgeschichte ist spektakulär, auch wenn sie einem Trend entspricht. Hier befand sich vor weit über 100 Jahren eine Bedürfnisanstalt für die heimkehrenden Wirtshausbesucher. Eineinhalb Jahre Renovierungsarbeiten waren nötig, um aus dem heruntergekommenen Häuschen einen angesagten Gastro-Treff zu machen, der auch für private Feiern gern gebucht wird.

Der kleine Innenraum mit der holzverkleideten Theke, den Ablageflächen und Böden aus Sichtbeton, den stylischen Gruppenlampen und den hellen, spiegelnden Wandflächen fügt sich perfekt ein in die Massivität des Baus.

Das Besondere: Die zwei Zwischengeschosse der Freitreppe hinauf zum Kronepark – eines direkt über dem Innenraum – wurden mit kleinen, leicht beweglichen Holztischen und Hockern ausgestattet und zum wohl originellsten und zwanglosesten Gastrogarten Münchens umgestaltet. Manche sitzen auch auf den Treppenstufen. Und das Schöne: Die Freifläche kann auf den Park ausgedehnt werden. Ganz oben stehen zahlreiche Liegestühle, und wer will, kann es sich auf einer Picknickdecke bequem machen.

Es ist ein Lokal, das gerade auch an heißen Sommertagen großes Potenzial bietet, sind doch die massiven Mauern im Innern und der sehr dichte, hohe Baumbestand eine perfekte Abschirmung gegen die Hitze. Aber auch am späten Abend, wenn das Café sich langsam in eine Bar verwandelt, ist die Atmosphäre unter den Lichterketten einen Besuch wert. Snacks wie die kleinen, selbst gemachten Pizzen oder die Waffeln am Stil sind sehr beliebt, das Angebot an Getränken ist vielfältig, die Cocktails hervorragend. Viele trinken Wein, manche nehmen sich auch gern eine ganze Flasche mit in den Garten. Im Winter schaffen draußen aufgestellte Feuerschalen die nötige Wärme.

Adresse Am Nockherberg 8, 81541 München-Au-Haidhausen, Tel. 089/21562990 | **MVV** U1, U2, U7, U8, Haltestelle Kolumbusplatz; Tram 18, N27, Haltestelle Ostfriedhof oder Mariahilfplatz; Bus 52, Haltestelle Taubenstraße | **Öffnungszeiten** Mi–Fr 18–23 Uhr, Sa 16–23 Uhr, So 16–21 Uhr, ganzjährig; Infos zu aktuellen Veranstaltungen (Live-Konzerte oder DJ-Abende) auf Facebook | **Tipp** Die Auer Dult, die dreimal jährlich auf dem Mariahilfplatz in der Au stattfindet, ist eine urige Kombination aus Volksfest und Markt.

22 Dalma und August

Bayerisch-dalmatinische Freundschaft

Die U-Bahn-Haltestelle Laimer Platz an der Einkaufsmeile Fürstenrieder Straße trägt ihren Namen nicht ganz zu Recht, liegt doch der Ruhe ausstrahlende Laimer Platz 300 Meter weit entfernt. Seit vielen Jahrzehnten gibt es dort ein Gasthaus, das nicht nur für die Bewohner des Viertels einfach dazugehört. Seit 2022 hat es nun mit Ante Tabak einen neuen Betreiber, der zuvor den Nestroy-Garten am Westpark führte, ein Kleingartenlokal, das 20 Jahre lang von der Familie Tabak geleitet wurde und nach einem Brand schließen musste.

Wie kommt das Lokal zu seinem Namen? Tabaks Großmutter heißt Dalma, sie hat die Tabaks in München weiterhin mit traditionellen Rezepten aus ihrer dalmatinischen Heimat versorgt. August ist nicht nur der zweite Vorname des Großvaters, sondern auch der Kosename des Augustiner Hellen, das hier ausgeschenkt wird.

Die Speisekarte bietet eine interessante Mischung aus kroatisch-dalmatinischen und bayerischen Speisen mit auch neuartigen beziehungsweise sonst eher selten zu findenden Gerichten wie Wurstsalat mit Bratkartoffeln oder Cevapcici mit warmem Schafskäse. Kaiserschmarrn und Palatschinken fehlen natürlich auch nicht. Ergänzend kommen eine Wochenkarte und eine Mittagskarte (11 bis 15 Uhr) hinzu: Samstags ist Burgertag, Sonntag Krustenschweinebraten angesagt. Große Portionen zu kleinen Preisen.

Der Innenraum mit den Rundfenstern, den holzgetäfelten Wänden, der L-förmigen, ewig langen Theke und den Jugendstil-Kronleuchtern bietet ein elegantes, angenehmes Ambiente, in dem man sich schnell wohlfühlt. Im Sommer sitzen die Gäste draußen vor dem Haupteingang mit Blick auf den Park und den Laimer Platz.

Unbedingt ansehen sollte man sich nach dem Lokalbesuch noch das Herzstück der von Theodor Fischer 1911 im Zuge der Gartenstadtbewegung errichteten Kleinhauskolonie in der Gunzenlehstraße drei Gehminuten entfernt.

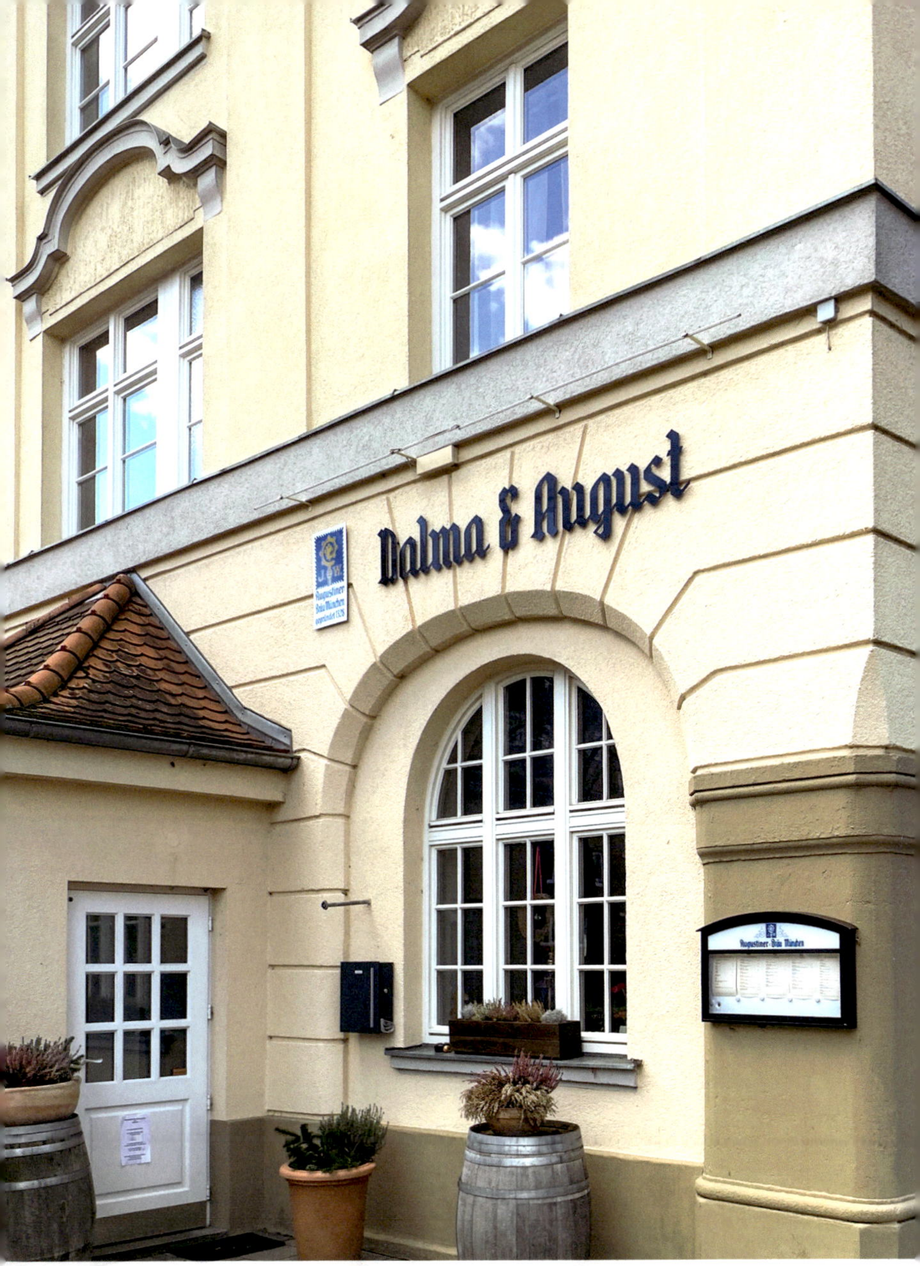

Adresse Laimer Platz 2, 80689 München, Tel. 089/74974272, www.dalma-august.de | **MVV** U5, Bus 51, 57, 151, 168, Haltestelle Laimer Platz | **Öffnungszeiten** Mo, Di, Do – Sa 11 – 15 und 17.30 – 23 Uhr, So und Feiertage 10 – 23 Uhr | **Ausstattung** Fächer mit Zeitungen und Zeitschriften | **Tipp** Das Café Steinchen in der Agnes-Bernauer-Straße 77 ist ein gemütlicher Kaffeegarten mit selbst gebauten Holzmöbeln und Liegestühlen. Der Bauwagen in der Mitte ist Küche und Kiosk zugleich.

23 Dalmatiner Grill

Ein bisschen wie zu Hause

Im noblen Bogenhausen befindet sich dieses bürgerliche Lokal mit der altmodischen Vordach-Markise über der Haustür. Es ist in einem normalen mehrstöckigen Wohnhaus untergebracht. Drinnen geht es erst mal ein paar Stufen hinunter. Der Dalmatiner Grill ist ein Souterrain-Restaurant. Die zwei lang gestreckten Innenräume, die vom Flur abzweigen, sind noch verwaist – es ist 11.30 Uhr – und etwas dunkel, die Räume haben etwas Höhlenartiges und vermitteln eine Gemütlichkeit der 80er Jahre. Die eng stehenden Tische sind bereits alle gedeckt. An den Wänden hängen historische Bilder und Zierteller mit gemalten Paaren in dalmatinischer Tracht.

Überrascht tritt man in einen unerwartet großen und schönen Innenhofgarten mit lauschiger Terrasse. Der junge Chef des Hauses führt durch den Garten und macht uns aufmerksam auf einen Walnussbaum, den ein Eichhörnchen gepflanzt habe, und auf eine Feigenart, wie es sie noch nicht mal in Kroatien gebe. Der ebenso freundliche Kellner bringt die umfangreiche Speisekarte, auf der sich neben den Klassikern auch sonst eher selten angebotene Spezialitäten wie Satarasch (gedünstetes Kalbs- und Schweinefleisch in Paprikasoße), Muckalica oder Samoborski-Kotelett mit Knoblauchsoße finden. Die Preise sind der Zeit angepasst, jedoch sind die Portionen so üppig, dass das Preis-Leistungs-Verhältnis stimmt. Zudem gibt es eine günstige Mittagskarte. Gäste loben besonders die Cevapcici, die Dalmatiner Grillplatte und die Palatschinken, von denen gleich acht verschiedene auf der Karte stehen. Das Szegediner Gulasch ist kaum zu bewältigen. Zum teils übrig gebliebenen Sauerkraut kann der Kellner die verschmitzte Bemerkung zum Vitamingehalt nicht unterdrücken. Man fühlt sich wie zu Hause. Zum Schluss gibt es noch einen Sliwowitz.

Seit über 40 Jahren existiert das Lokal schon, das die Familie Kovacec nun in zweiter Generation leitet. Es ist nach wie vor sehr angesagt – zu Recht.

Adresse Geibelstraße 10, 81679 München-Bogenhausen, Tel. 089/4704415 | MVV U4, Haltestelle Prinzregentenplatz; Bus 94, 100, Haltestelle Friedensengel/Villa Stuck; Tram 37, Haltestelle Friedensengel/Villa Stuck | Öffnungszeiten Di–Fr 11.30–14.30 Uhr, Sa, So und Feiertage 11.30–22 Uhr | Tipp Die Sammlung Schack auf der Prinzregentenstraße links der Isar ist ein kleines, wenig besuchtes Museum mit deutscher Malerei des 19. Jahrhunderts, darunter Werke von Böcklin, Feuerbach, Lenbach und Spitzweg.

24 Da Wirtshauser

Auf der Sonnenterrasse

Das in unmittelbarer Nähe des Westbads gelegene Lokal ist eigentlich eine sogenannte Sportgaststätte, aber eine sehr untypische. Ambiente, Essen und Preise können dem Vergleich mit einem bayerischen Wirtshaus standhalten. Daher ist der Name des Lokals durchaus gerechtfertigt.

Der Blick auf die vier Ballsportwiesen ist für Nicht-Ballsportbegeisterte wenig erbaulich, aber man hat sich viel Mühe gegeben, die große, lang gestreckte Südterrasse atmosphärischer zu gestalten. Und man muss sagen, es ist gelungen. Es gibt zwei überdachte gemütliche Außenbereiche, einer mit Holzmöbeln und eine hawaiianisch anmutende Hütte mit Bambusmöbeln, dazwischen eine große Freifläche mit einfachen Tischen und Stühlen; die Sitzplätze direkt an der hellen Hauswand sind bei Sonnenhungrigen besonders beliebt. Zusammen mit den Sonnenschirmen entsteht ein sehr gemütliches Ambiente. In der kühleren Jahreszeit kommen Heizstrahler zum Einsatz. Draußen gibt es mit 150 Plätzen fast doppelt so viele wie im Innenbereich des Wirtshauses.

Zur guten Atmosphäre tragen auch das freundliche und aufmerksame junge Personal bei – und die Menschen, die sich hier treffen. Sie kommen nicht nur aus der Nachbarschaft oder aus Sportvereinen, sondern aus dem ganzen Münchner Umkreis. Ein sehr gemischtes, geselliges Publikum. Das Lokal ist bei Jung und Alt gleichermaßen beliebt. Man kommt leicht ins Gespräch, kann sich aber auch absondern und lesen, diverse Zeitungen und Zeitschriften stehen zur Verfügung.

Neben der Standardkarte gibt es eine günstigere Wochenkarte mit drei Mittagstischen täglich von 11 bis 15 Uhr. Daneben werden an ausgesuchten Tagen Spareribs »all you can eat« und Ente zu ermäßigten Preisen angeboten. Sitzt man auf der großen Terrasse, sieht man in der Ferne die hohen Bäume der Kleingartenanlage SW 15, in der sich das Lokal »Zum Höllerer« befindet.

Adresse Agnes-Bernauer-Straße 239, 81241 München-Pasing, Tel. 089/82939550, www.wirtshauser.de | **MVV** Tram 19, Bus 57, Haltestelle Westbad | **Öffnungszeiten** täglich 10.30–23 Uhr, warme Küche 11–22 Uhr | **Ausstattung** Spielplatz | **Tipp** Das gemütliche kleine Stadtteilkino »Neues Rex« am nahen Agricolaplatz bietet ein ambitioniertes, schon mehrfach ausgezeichnetes Programm.

25 Dessi Tadka

Eine kulinarische Entdeckungsreise

Streetfood, schnell zubereitetes Essen aus frischen Zutaten, dargereicht in kleinen Portionen zu erschwinglichen Preisen, ist längst auch in Imbissen und sogar Restaurants angekommen. Direkt an der lauten Bodenseestraße mitten in Neuaubing hat ein indisches Streetfood-Restaurant eröffnet, das sich regen Zulaufs erfreut. Neben dem schmalen, dekorativen Innenraum hat das Lokal eine große Gartenterrasse mit zahlreichen Bierbänken, Stühlen und Tischen und bequemen Lounge-Sofas unter Baldachinen – abgeschirmt durch steingefüllte Gabionen. Zusammen mit dem Grün der Bäume und den aufgestellten Palmen und Zypressen ein sehr stimmungsvolles Ambiente, das am Abend mit den bunten Lampions und Lichterketten besonders zur Geltung kommt.

Mitten im Garten steht ein offener Grill, an dem ein indischer Koch freitags und samstags die aufgelegten langen Hähnchenfleischspieße, die zuvor in feinwürziger Minzsoße und Schärferem mariniert wurden, im Auge behält. Das Streetfood hat eine eigene Sparte auf der recht umfangreichen Speisekarte. Addiert man die Vorspeisen dazu, ergibt das 16 Gerichte. Von den Gästen besonders gelobt werden Dosa (Pfannkuchen aus Reis, Linsen und Kartoffeln), Pani Puri (gefülltes frittiertes Brot), Samosas (knuspriges Gemüse mit Kichererbsencurry) und Papadams (Fladenbrot). Die Hühnersuppe ist leicht, Kräuter und Gewürze spielen die Hauptrolle. Das Pav Bhaji, weiches, fluffiges Brot mit einem würzigen Gemüse-Kartoffel-Curry, ist pikanter, als es im ersten Moment aussieht. Die Schärfe spürt man erst zeitversetzt.

Für Vegetarier ist das hier ein Paradies, denn vegetarische Gerichte gibt es in großer Zahl und Vielfalt, auch unter den Hauptgerichten.

Von Montag bis Freitag gilt mittags eine günstige Lunch Card mit Hauptspeisen und mehreren Bowls, alle mit Reis, Linsen, Salat und Papadam. Speziell wegen des Streetfoods kommt man besser am Abend oder am Wochenende.

Adresse Bodenseestraße 228, 81243 München-Aubing, Tel. 089/74909353 | MVV S2, S8, Bus 267, Haltestelle Neuaubing | Öffnungszeiten Mo–Fr 11.30–14.30 und 17.30–23 Uhr, Sa, So 12–23 Uhr | Ausstattung großes Trampolin für Kinder | Tipp Das Eis im neuen Eiscafé »Da Geppetto« 100 Meter südlich des S-Bahnhofs Neuabing (Fritz-Bauer-Straße 69) ist empfehlenswert.

26 Die kleine Rose

Ein Kleinod in Neuhausen-Nymphenburg

Der Garten ist voll besetzt, nur ein Zweiertisch ist noch frei geblieben. Glück gehabt. Man sitzt hier sehr dicht beieinander, denn der Vorgarten vor dem Lokal ist winzig, und die sieben Tischchen stehen eng zusammen. Spätabends, in lauen Sommernächten, wenn die Gartenlaternen und die Kerzen auf den Tischen leuchten, ist es hier besonders schön.

Auch in der kleinen Gaststube ist es sehr gemütlich. An der langen Theke finden viele Platz. Auf jedem der alten Holztische steht eine imposante Tropfkerze – Erinnerungen an die eigene Kindheit werden wach. Hier wird nicht nur mit Leidenschaft gekocht, das ganze Lokal vermittelt ein Wohlgefühl und eine Heimeligkeit, die ein Kultlokal ausmachen. Wolfgang und Nico leiten es sehr relaxt und überaus freundlich. Wolfgang hat eine große Affinität zu Griechenland, wo er öfter unterwegs ist.

Neben selbst gemachtem Gyros vom Spieß gibt es griechische Vorspeisen, Gyros Pita (für den kleinen Hunger), Kotopoulo, Tigania, Bifteki, Calamari, Scampi-Spieße, gebackene Sardinen. Die großzügigen Portionen sind sehr schmackhaft und preiswert. Alle Hauptgerichte werden auf Wunsch auch als kleine Portion serviert. Neben der übersichtlichen Standardkarte gibt es wechselnde Tagesgerichte wie Eintöpfe, asiatische Gerichte und Burger. Beliebt ist die Currywurst (es sind zwei) mit knusprigen Kartoffeln, die fast jeden Tag angeboten wird. Nach dem Essen werden meist ein Ouzo und ein winziger Gratis-Nachtisch gereicht. Die Biere kommen von der kleinen Brauerei Wildbräu in Grafing, die Weine (0,25 oder 0,5 Liter) werden zu fairen Preisen ausgegeben.

Die kleine Rose liegt versteckt an einer ruhigen Nebenstraße unweit des Romanplatzes im Stadtteil Nymphenburg-Neuhausen. Eine Tischreservierung kann sinnvoll sein. Wer hier einmal war, kommt wieder. An fast jedem Sommertag sind die wenigen Tische draußen schon ab 18 Uhr reserviert.

Adresse Gaßnerstraße 3, 80639 München-Neuhausen-Nymphenburg, Tel. 089/14332493 | **MVV Tram** 16, 17, Bus 51, 151, Haltestelle Romanplatz, von dort circa 3 Minuten zu Fuß | **Öffnungszeiten** täglich ab 18 Uhr | **Tipp** Im Hirschgarten kann man Boulen, Eisstock schießen, Tischtennis spielen, Dam- und Muffelwild beobachten, einfach nur spazieren gehen oder im Park oder im riesigen Biergarten gemütlich in der Sonne sitzen. Für Kinder gibt es zudem zahlreiche Spielplätze.

27 Echardinger Gartenlaube

Spargelburger unter Wildem Wein

Die Kleingartenanlage Süd-Ost 1 besteht eigentlich aus vier Teilen. Sie erstreckt sich, unterbrochen durch mehrere Straßen, über fast zwei Kilometer durch Echarding, einen Ortsteil von Berg am Laim, der erstmals im 11. Jahrhundert schriftlich erwähnt wurde. Im Mittelalter gehörte der Weiler noch zum Besitztum des Benediktinerklosters Tegernsee.

Die Gartenlaube liegt im nördlichen Teil der Kleingartenanlage, man betritt das Lokal direkt von der Echardinger Straße durch einen Torbogen. Es ist ein idealer Ort an einem heißen Sommertag. In der Mitte des kleinen Biergartens steht eine Platane, die mit ihrer breiten Krone für ausreichend Schatten sorgt und eine laubenartige Atmosphäre schafft. Angenehm sitzen kann man auch direkt an der Hauswand oder in einer offenen Holzlaube unter einem Blätterdach aus Wildem Wein.

Im Mai 2023 hat ein neues Wirtepaar das Lokal übernommen, bayerische Küche steht seitdem wieder auf dem Programm. In der Saison sind mehrere Spargelgerichte auf der Karte, beliebt ist der Spargelburger mit Rindfleischpatty, Bärlauchcreme, Sauce hollandaise und gebratenem Spargel. Hauptgerichte wie Krustenschweinebraten und Wiener Schnitzel vom Kalb, beide mit Preiselbeeren, oder Putensteck vom Grill mit BBQ-Soße können auch als kleine Portionen bestellt werden. Die Beilage kann der Gast selbst bestimmen. Acht Varianten stehen zur Auswahl, darunter Brezen- oder Kartoffelknödel, Kräuterkartoffeln und Spätzle. Unter dem Begriff »Schmankerl« finden sich auf der insgesamt recht preiswerten Karte ein Tafelspitz mit Meerrettich, ein »herzhaftes Brotzeitbrettl« ab zwei Personen, ein bayerischer Obazda sowie eine Salatbowl mit diversen Toppings.

Ein anschließender Rundgang durch die Gartenanlage lohnt sich. Am gegenüberliegenden großen Platz mit Maibaum gibt es ein paar außergewöhnlich schöne Kleingärten zu bewundern.

Adresse Kleingartenverein Süd-Ost 1 e.V., Echardinger Straße 10, 81673 München-Berg am Laim, Tel. 089/45344311 | MVV Tram 21, 31, Bus 187, Haltestelle Baumkirchner Straße; Bus 190, 191, Haltestelle Altöttinger Straße | Öffnungszeiten April–Okt. Mo–Sa 10–22 Uhr, So 9–22 Uhr | Ausstattung Spielplatz, Parkplätze an der Echardinger Straße | Tipp In Berg am Laim befindet sich die Volkssternwarte München. Vorträge und Vorstellungen für Erwachsene und Kinder informieren über den Sternenhimmel (Buchung unter www.sternwarte-muenchen.de).

28 Eschengarten

Ein Geheimtipp in der Lerchenau

Sehr ruhig und versteckt liegt diese öffentliche Gaststätte mit schönem Biergarten in der Lerchenau, einem Stadtviertel im Norden Münchens. Auf der einen Seite ist der Garten flankiert von hohen Bäumen, die zu einem angrenzenden Grünzug gehören, auf der anderen Seite ist er umgeben von einer hohen Hecke, hinter der mehrere Sportplätze liegen. Die 1986 entstandene Gaststätte ist das Vereinsheim gleich dreier Vereine. Und sie wird seit 17 Jahren von einer serbischen Familie geführt. Schon beim Eintreten fällt auf, wie sauber und gepflegt die Anlage ist. Zwei junge Kastanienbäume und ein Meer von Sonnenschirmen sorgen im Sommer für ausreichend Schatten.

Mittagszeit. Der Garten ist nicht überfüllt, aber gut besucht. Flink und sehr freundlich ist die Bedienung am Tisch. Die Speisekarte bietet neben der traditionellen Balkanküche auch eine ganze Reihe deutscher Gerichte, alles zu recht günstigen Preisen bei gleichzeitig großen Portionen und hoher Qualität. Bei den Gästen besonders beliebt sind der Schweinebraten in Dunkelbiersoße, Schweineleber, Käsespätzle, Cordon bleu und Cevapcici. Besonders lobenswert ist, dass es vieles auch als kleine Portion gibt. Ich entscheide mich für das preiswerte Mittagsgericht »Gefüllte Paprikaschote mit Hackfleisch und Salzkartoffeln«. Hört sich nach nichts Besonderem an, aber der Geschmack übertrifft meine Erwartungen. Das mit Reis gemischte Hackfleisch ist sehr fein gewürzt und abgeschmeckt, die Paprikaschoten sind ein Genuss, die Salzkartoffeln mit Soße harmonieren damit ideal. Ein leichtes Essen, das einen Stammplatz auf der Standardkarte erhalten sollte. Das täglich wechselnde Mittagsgericht (Dienstag bis Freitag 11–14.30 Uhr) ist eine Beobachtung wert. Neben Bieren von Hacker-Pschorr – es wird sogar eine Goaßmaß angeboten – stehen mehrere erschwingliche deutsche Weine und ein Roséwein aus dem Trentino auf der Getränkekarte.

Adresse Bezirkssportanlage Lerchenau, Ebereschenstraße 17, 80935 München-Feldmoching, Tel. 089/3511899, www.eschengarten.com | **MVV** Bus 60, N76, Haltestelle Pulverturmstraße oder Goldlackplatz, von dort 5 Minuten zu Fuß | **Öffnungszeiten** Di–Fr 11–23.30 Uhr, Sa 10–23.30 Uhr, So 10–21 Uhr | **Ausstattung** großer Parkplatz, Spielplatz in Sichtweite | **Tipp** Der Lerchenauer See – ideal zum Schwimmen und Spazierengehen – ist mit dem Auto fünf, mit dem Fahrrad zehn Minuten entfernt.

29 Finnerl's Gartenoase

Auf ein Schmalzbrot im Mini-Biergarten

Der von der Fläche her kleinste Biergarten eines Kleingartenlokals liegt nicht weit entfernt von einem der größten, dem Schlösselgarten – beide befinden sich in Bogenhausen. Fast uneinsehbar von hohen Weinreben, Bäumen und Sträuchern umgeben, betritt man Finnerl's Gartenoase durch ein weinumranktes Eingangstürchen. Die Gäste sitzen an dicht gestellten Tischen, einige genießen die Sonne, andere bevorzugen den Schatten unter dem prächtigen Ahorn im hinteren Teil. Es ist sehr ruhig, denn die Kleingartenanlage grenzt an dieser Stelle direkt an den Denninger Anger, einen 20 Hektar großen Stadtpark. Nur gelegentlich hört man das leise Plopp eines aufschlagenden Balls vom nahen Tennisplatz.

Um den Eingang der Hütte hängen fünf Kreidetafeln, auf jeder sind jeweils drei bis fünf preisgünstige Speisen beschrieben. Es sind vorwiegend einfache Gerichte und Brotzeiten wie Fleischpflanzerl oder Leberkäse mit Kartoffelsalat, Nürnberger mit Sauerkraut, Presssack, Obazda, Gulaschsuppe, Radi mit Butterbrot, Schmalz-, Speck- und Käsebrot. An manchen Tagen erweitert sich das Angebot, es wird gegrillt, es gibt Steckerlfisch oder – wie beim Törggelen – Südtiroler Spezialitäten im Spätherbst. Diese Events werden von Finnerl, so wird die seit 15 Jahren tätige Wirtin Josefine Kierek genannt, frühzeitig angekündigt. Zuweilen spielen Musiker im Mini-Biergarten. Besonders beliebt sind die Feste am 1. Mai und das Sommerfest im Juni. Dazu werden Bierzelte auf der grünen Wiese vor der Gartenoase aufgebaut.

Einen Wohlfühlmoment schafft auch die Kombination des Lokals mit einem Kiosk. An der Außenfassade befindet sich ein Fenster, an dem man Getränke, Speisen und Süßigkeiten bekommt.

Finnerl's Gartenoase ist von Süden über den Schreberweg zu erreichen, am Parkplatz geht's rein. Von Norden erreicht man das Lokal von der Denninger Straße aus auf einem Fußweg durch den Denninger Anger.

Adresse Kleingartenanlage Nord-Ost 17 Donau-Neuland e.V., Schreberweg 31, 81677 München-Bogenhausen, Tel. 089/4704375 | MVV U4, Haltestelle Richard-Strauss-Straße; Bus 187, Haltestelle Vollmannstraße; Bus 187, 188, 189, Haltestelle Daphnestraße | Öffnungszeiten Mo–Fr 15–22 Uhr, Sa, So 13–22 Uhr, im Winter geschlossen | Tipp Im Swagat am Prinzregentenplatz kann man ausgezeichnet indisch essen. Das Speisenangebot ist sehr vielfältig, und es gibt auch eine günstige Mittagskarte.

30 Gartenoase

Immer der Nase nach

Plötzlich, wie aus dem Nichts taucht er auf, dieser Kleingarten mitten in Schwabing. Biegt man zu Fuß von der Leopold- in die Griegstraße ab, sind es noch wenige Meter, bis man mitten im Wohn- und Geschäftsviertel vor einem Kleingartenidyll steht. Und es riecht schon so gut nach Essen, dass man quasi hypnotisiert einfach nur dem Geruch folgen muss. Das Schild am Eingang hätte man sich sparen können.

Zum Lokal gehört eine kleine Terrasse, umgeben von einem Jägerzaun, der aber ganz und gar nicht stört, sondern im Zusammenhang mit den grünen Hecken, den Schatten spendenden Bäumen und den anderen hohen Bäumen der Kleingartenanlage verwunschen wirkt. Man fühlt sich merkwürdig wohl, wenn man den kleinen Garten durch den efeuumrankten Torbogen betritt und Teil des Ensembles wird. Zu den Gästen gehören Bewohner des Viertels, Angestellte der umliegenden Büros, Touristen, die sich verlaufen haben, Stammgäste, junge wie ältere.

Seit Anfang 2023 betreibt Sascha Wittmann die Gartenoase als Inhaber und Koch. Die vielfältige Speisekarte zeigt, dass der Koch ein großes Repertoire hat. Seine Frau, die im Garten bedient, sagt, dass er auch italienisch kochen könne, aber sich hier bewusst auf bayerische Küche konzentrieren wolle. Auch für ein Kleingartenlokal eher ungewöhnliche Gerichte wie geschmortes Rinderherz in kräftiger Rotweinsoße oder Bärlauchknödel mit grünem Spargel stehen auf der Karte. Besonders beliebt sind die Schnitzel, von denen es neun verschiedene Varianten in normaler und XL-Version gibt.

Atmosphäre und Stimmung in diesem Gartenlokal sind ausgezeichnet, wozu auch die Qualität, die günstigen Preise sowie die Behaglichkeit des Gartens beitragen. Die Gäste freuen sich richtig, echt und ungestellt, wenn ihr Essen serviert wird. Der feine Geruch aus der Küche und das Wissen derer, die nicht das erste Mal hier sind, haben die Vorfreude erhöht.

Adresse Kleingartenverein Nr. 171, Bad-Soden-Straße 16a, 80807 München-Milbertshofen, Tel. 089/35404110, https://zumkuckuck-nochmal.de/ | **MVV** Bus 140, 141, N40, Haltestelle Griegstraße; Bus 50, 150, Haltestelle Domagkstraße West | **Öffnungszeiten** Di–Fr 11–23 Uhr, Sa 15–23 Uhr, So 11–23 Uhr; Küche Di–Fr 11.30–14 und 17–21 Uhr, Sa 17–21 Uhr, So 12–21 Uhr | **Tipp** Das BMW-Museum, eines der beliebtesten Museen Münchens mit 5.000 Quadratmetern Ausstellungsfläche, ist von hier in circa zehn Minuten zu erreichen.

31 Gartlerstüberl

Unter dem Walnussbaum einen Whiskey trinken

Wir sind etwas nördlich des Karlsfelder Sees, einem der größten Baggerseen in der Region München. Es ist eine ungewöhnliche Kleingartenanlage, zu der das Gartlerstüberl gehört. Herrlich zum Spazierengehen, mit zwei kleinen Weihern und schön anzusehenden Gärten. Durch das Gelände der Gartengemeinschaft Dachau führen mehrere asphaltierte Wege. Die Gartenhäuser sind teilweise recht groß, jedes verfügt über einen Parkplatz oder eine Garage.

Alle Wege führen zum Tiefen Graben, einem Überlauf des Karlsfelder Sees. Auf der anderen Seite dieses Baches befindet sich das Terrain des Kleingartenvereins Karlsfeld. Wer Am Tiefen Graben Richtung Süden geht, ist in etwa zehn Minuten am See.

Das ganzjährig geöffnete Gartlerstüberl liegt an der Kufsteiner Straße, am Rand der Anlage. Das mit viel Sinn fürs Detail eingerichtete Lokal mit einem großen, hellen Innenraum und einer gemütlichen Terrasse mit ausreichend schattigen Plätzen unter einem Walnussbaum, unter blauen Augustiner-Sonnenschirmen oder an der Hauswand macht einen einladenden Eindruck. Die bayerische Speisekarte bietet solide Hausmannskost zu günstigen Preisen. Wenig Hunger? Kein Problem. Bei mehreren Gerichten kann man zwischen großer oder kleiner Portion wählen. Und dann gibt es ja noch Knödel oder Spätzle mit Soße. Und Brotzeiten, unter anderem einen guten Wurstsalat, einen sauren Teller und ein »Brotzeitbrettl mit oder ohne Schnaps«. Zu den Schnitzeln werden wahlweise Pommes oder hausgemachter Kartoffelsalat gereicht, Letzterer wird von den Gästen sehr gelobt. Fisch- und vegetarische Gerichte, unter anderem Blumenkohltaler mit Salzkartoffeln, stehen auch auf der Karte. Schweinebraten mit Knödeln und Krautsalat gibt es ausschließlich an Sonn- und Feiertagen. Und wer hätte gedacht, dass sich im Inneren dieses Lokals eine erlesene Auswahl von über 100 Whiskeysorten befindet? Hierzu sollte man die fachkundige Wirtin befragen.

Adresse Gartengemeinschaft Dachau e. V., Kufsteiner Straße 18G, 85221 Dachau, Tel. 08131/2798364, www.gartlerstüberl.de | **MVV** S2, Haltestelle Karlsfeld oder Dachau; Bus 710, Haltestelle Reschenbachstraße, von dort 10 Minuten Fußweg über Kufsteiner Straße | **Öffnungszeiten** ganzjährig Mi–Do 15–22 Uhr, Fr 14–22 Uhr, Sa 11–22 Uhr, So 10–22 Uhr | **Ausstattung** Spielplatz auf angrenzender Wiese | **Tipp** Am Karlsfelder See findet man immer ein ruhiges Plätzchen auf der ausgedehnten Liegewiese. Lohnenswert ist auch der circa vier Kilometer lange Spaziergang rund um den See.

32 Gärtnerquelle

Die Sonnenplätze

Wer die Wahl hat, hat die Qual. Wohl kein anderer Stadtteil Münchens versammelt derart viele Kleingartenlokale auf engstem Raum. Sendling-Westpark ist mit insgesamt sechs Lokalen einsame Spitze. Jedes ist vom anderen fußläufig nur wenige Minuten entfernt. Jedes hat seinen eigenen Reiz und Charakter. Und in jedem versammelt sich regelmäßig ein treues Völkchen.

Man sieht das lang gestreckte Haus mit Wintergarten und Terrasse nicht von der Straße aus. Es liegt 50 Meter vom Eingang zur Kleingartenanlage entfernt – verborgen hinter einem breiten Streifen aus dichten Bäumen und Sträuchern. Draußen sitzen die Gäste in zwei dichten Tischreihen an der Holzwand des Lokals, es ist die ideale Sonnenterrasse den ganzen Tag bis zum späten Abend, dafür ist es weithin bekannt und beliebt. Ein schmaler Weg, eine grüne Hecke davor und die Sonne darüber.

Die Öffnungszeiten sind zum Zeitpunkt des Besuchs etwas eingeschränkt, der Personalmangel in der Gastronomie macht jedem Lokal zu schaffen. Der Wirt und seine Frau arbeiten hier wie vielerorts zeitweise fast allein. Es herrscht eine gesellige, fast familiäre Atmosphäre, man kommt leicht ins Gespräch, jeder redet mit jedem. Tagsüber gibt es zwei Mittagsmenüs mit Suppe, ansonsten ist die Karte überschaubar: drei Suppen, die Nudelsuppe wird in kleiner und großer Portion und für ein paar Euro mehr auch mit Fleischzulage angeboten, die üblichen Verdächtigen wie Currywurst mit Pommes, fünf verschiedene Schnitzelarten, Tellerfleisch, Käsespätzle, große gemischte Salate, Milzwurst mit Kartoffelsalat, Chicken Wings und Desserts wie Apfelkücherl, Pfannkuchen und natürlich auch Kaiserschmarrn. Die preiswerten Portionen sind kaum allein zu bewältigen, viele lassen sich die Reste einpacken. Bei schlechtem Wetter kommt man in der gemütlichen Wirtsstube unter, im Wintergarten ist noch mal Platz für 20 Personen.

Adresse Kleingartenverein Sendling/Westend 121, Siegenburger Straße 105, 80686 München-Sendling-Westpark, Tel. 089/45215137, www.gärtnerquelle.de | MVV Tram 18, Haltestelle Fachnerstraße; U4, U5, Haltestelle Westendstraße | Öffnungszeiten Di–Fr, So 10–22 Uhr, warme Küche 12–19.30 Uhr | Tipp Die asiatischen Gärten im nahen Westpark sind anlässlich der Internationalen Gartenbauausstellung 1983 entstanden. Sehenswert sind der mitten im See errichtete thailändische Tempel, die nepalesische Pagode und die chinesischen und japanischen Gärten, die zu Ruhe und Besinnung einladen.

33 Gasthaus zum Maibaum

Glücklich in Freimann

»Do geht's eina« steht auf dem Schild über der Eingangstür des Gasthauses zum Maibaum, das seit 2005 von einer kroatischen Wirtsfamilie geführt wird. Wir sind mitten in der Eisenbahnersiedlung in München-Freimann. Alles wirkt ein bisschen wie aus der Zeit gefallen. Die Siedlung entstand in zwei Phasen in den Jahren 1928 bis 1939 und 1949 bis 1962. Die Gaststätte ist eines der ältesten Gebäude und schon seit 1932 in Betrieb.

Die Innenräume sind schlicht und einfach eingerichtet, die Gaststube besteht aus einem Hauptraum und zwei Nebenräumen. Gardinen hängen an den Fenstern. An der Wand Fotos von Baška Voda, einem kleinen Ferienort an der Adria in Südkroatien. Wohlfühlatmosphäre. Hier treffen sich Alteingesessene aus den umgebenden Vierteln, Gruppen aus den nahe gelegenen Studentenwohnheimen, Menschen vor oder nach dem Messe-, Konzert- oder Stadionbesuch. Manchmal tagt hier auch der ansässige SPD-Ortsverband Freimann, um mal wieder über Perspektiven des »vernachlässigten Stiefkindes unter den Stadtteilen« zu reden, wie die »SZ« einmal schrieb.

Eine Familie sitzt gut gelaunt um zwei riesige Grillplatten, die es in diversen Variationen für bis zu vier Personen gibt. Die Preise sind in den letzten Jahren wie überall deutlich gestiegen, aber immer noch sehr günstig. Die Entscheidung zwischen den zahlreichen kroatischen und bayerischen Schnitzel- und Grillspezialitäten fällt nicht leicht. Es wird die Samantha-Marija-Platte. Das Kotelett mit Cevapcici, Leber, Speck und fluffigen Röstkartoffeln überzeugt schon beim Anblick. Laut Website des Lokals ist die Seele der Küche »die Mama«. Das merkt man. Es schmeckt nach jahrzehntelanger Erfahrung und Leidenschaft.

In dem wunderschönen Terrassengarten des Lokals direkt an einer von Kastanien bestandenen Wiese finden 360 Gäste Platz. Lauschig sitzt man hier auch an warmen Sommerabenden im Schein der Gartenlaternen mit Löwenbräu-Logo.

Adresse Georg-Wopfner-Straße 17, 80939 München-Schwabing-Freimann, Tel. 089/99932935, www.gasthaus-maibaum.de | MVV U6, Haltestelle Freimann | Öffnungszeiten täglich außer Di 11–14 und 17–23 Uhr, Biergarten nur bei schönem Wetter; keine Kartenzahlung | Tipp Zum Open-Air-Festival des Wannda Circus (www.wannda.de) strömen im Sommer nicht nur treue Fans aus München und Umgebung, sondern Besucher aus ganz Deutschland. Das Gelände liegt sieben Minuten entfernt auf einer Freifläche am Ende der Völckerstraße.

34 Gaststätte Alte Heide

Hier wurde Geschichte geschrieben

Die Alte Heide im Norden Schwabings ist eine Siedlung mit besonderem Charakter und Ambiente. In der Google-Maps-Ansicht sieht man das am besten: Zeilenartig sind die schmalen mehrstöckigen Wohnhäuser mit den dazwischen liegenden kleinen Hausgärten angeordnet. Die eingezäunten Gärten wirken wie winzige Kleingartenparzellen. Die Wohnhäuser stehen alle parallel zueinander und quer zu den Verkehrsstraßen.

Der Münchner Architekt Theodor Fischer, der diese Wohnsiedlung zwischen 1919 und 1928 erschuf, wollte so eine bestmögliche Ausrichtung zu Luft und Sonne und einen optimalen Lärmschutz erreichen. Fischer gilt weltweit als Pionier dieser Bauweise und die Alte Heide als erste Siedlung überhaupt, in der das so konsequent umgesetzt wurde. In Auftrag gegeben worden war das Bauprojekt aufgrund der großen Wohnungsnot nach dem Ersten Weltkrieg.

Die etwas versteckt liegende Gaststätte Alte Heide ist Teil der gleichnamigen Siedlung. Das urige Wirtshaus entstand vor 100 Jahren als Wärmestube mit Ausschank. Die Wirtin Frau Janda und der Inhaber und Koch Josef Niemayer betreiben es nun schon seit 2011. Den Biergarten erreicht man auf einem der schmalen Fußwege, die zwischen Häusern und Gärten verlaufen. Es ist angenehm ruhig und stressfrei hier unter den Kastanienbäumen. Die einseitig bedruckte Speisekarte bietet 17 Hauptgerichte traditioneller bayerischer Hausmannskost zu günstigen Preisen. Jeden Tag wechseln die ersten vier Gerichte der Karte. Neben den üblichen Verdächtigen wie Fleischpflanzerl und Zwiebelrostbraten gibt es auch Gerichte wie Rinderherz, geröstete saure Leber und fränkische Schäufele. Statt Pommes werden köstliche Bartkartoffeln serviert. Ein paar vegetarische Speisen wie Allgäuer Käsespätzle und Fischgerichte (gebackener Seelachs und Räucherlachs mit Reiberdatschi) ergänzen das Angebot. Der hausgemachte Kaiserschmarrn ist der unumstrittene Publikumsliebling.

Adresse Fröttmaninger Straße 18B, 80805 München-Schwabing, Tel. 089/41857730 | **MVV** U6, Haltestelle Alte Heide | **Öffnungszeiten** Mo–Fr 16–22 Uhr | **Tipp** Das Ungererbad, dessen Ursprünge bis ins Jahr 1900 zurückreichen, steht für naturnahe Erholung mitten in Schwabing. Die große, parkähnliche Anlage bietet mit ihrem alten Baumbestand auch im Hochsommer ausreichend Schatten. Quer durch das Freibad fließt der Nymphenburg-Biedersteiner Kanal.

35 Gaststätte Amperlust

Im Naherholungsgebiet der Olchinger

Im schattigen Biergarten der Amperlust meint man zuweilen auch ein paar exotische Vogelstimmen neben dem vertrauten Gezwitscher der heimischen Arten herauszuhören. Möglich wäre es, denn der Vogelpark Olching ist nur zehn Fußminuten entfernt. Das sehr idyllisch gelegene Lokal mit Biergarten befindet sich direkt an der Amper. Spaziergänger und Radfahrer, die auf dem Uferweg unterwegs sind, nutzen es gern für eine Rast oder als Ausflugsziel. Auch Hundebesitzer sind hier willkommen, eine große Wiese bietet ausreichend Platz zum Herumtollen.

Die Gaststätte ist auch das Vereinslokal des Schützenvereins Amperlust, der im ersten Stock des Hauses einen Schießstand hat. Seit drei Jahren wird das Restaurant von einer rumänischen Wirtsfamilie geführt. Serviert wird vorwiegend bayerische Hausmannskost. Gäste loben besonders den Zwiebelrostbraten mit Bratkartoffeln und den Krustenbraten. Auch vegetarische Speisen wie Käsespätzle und Tiroler Gröstl sehen ansprechend aus. Über den Dornröschenteller (Knödel mit Bratensoße) freuen sich die jüngeren Gäste. Manchmal finden auf dem weitläufigen Gelände Grillfeste statt, zu denen auch mal ein Spanferkel gegrillt wird.

Mit den öffentlichen Verkehrsmitteln erreicht man die Amperlust zwar am schnellsten – der Bus hält quasi vor dem Lokal –, aber es empfiehlt sich, den Besuch zumindest in einer Richtung mit einem Spaziergang an Amper und Mühlbach zu verknüpfen. Die etwa zwei Kilometer lange Strecke zwischen Gaststätte und Olchinger S-Bahnhof lässt sich fast durchgängig auf Uferwegen durch weitgehend unberührte Natur zurücklegen. Auf halbem Weg kommt man am Vogelpark Olching vorbei, der einen Besuch wert ist – nicht nur wegen der 150 Vogelarten, sondern auch, weil sich der Park perfekt in die wilde Auenlandschaft der Amper einfügt. Allerdings ist er nur an Wochenenden und Feiertagen zwischen 10 und 17 Uhr geöffnet.

Adresse Schloßstraße 81, 82140 Olching, Tel. 08142/2770, www.amperlust-esting.eatbu.com | MVV S3, Haltestelle Esting Bahnhof; Bus 800, 835, Haltestelle Esting Kreuzstraße | Öffnungszeiten Di–Do 12–20 Uhr, Fr, Sa 12–22 Uhr, So 10–20 Uhr | Ausstattung großer Parkplatz, Spielplatz ums Eck | Tipp In der Dorfstub'n in Olching, einer Gaststätte mit gehobener regionaler Küche und schöner Terrasse, sollte man unbedingt das Tatar vom Weideochsen probieren.

36 Gaststätte NO-26

Versteckt in der Parkstadt Schwabing

Am nördlichsten Abschnitt der Leopoldstraße oberhalb des Petuelrings liegt die Gaststätte des Kleingartenvereins NO-26 mitten in der Parkstadt Schwabing, einem Gewerbeareal mit vielen High-Tech-Unternehmen, einem Wohngebiet – davon ein Drittel sozialer Wohnungsbau – und zentralem Park. Von der Leopoldstraße aus sind die nur 57 Parzellen umfassende Kleingartenanlage und das Lokal nicht zu sehen, auch an dem kleinen Hinweisschild an der Straße läuft oder fährt man erst einmal vorbei. Ein schmaler Weg zwischen den Häusern führt zur Anlage. Das erst seit 1997 öffentliche Kleingartenlokal hat einen großen Vorplatz, unter Bäumen befindet sich der Biergarten, der hintere Teil ist überdacht. Im Gasthaus selbst haben noch mal 50 Personen Platz. Die serbische Wirtin Zeljka Milosevic hat das Lokal von ihren Eltern übernommen. Seit nunmehr 20 Jahren wird es von der Familie geführt.

Die Speisekarte bietet eine Mischung aus bayerischer Kost, italienischer Pasta und den üblichen Balkangerichten. Die gegrillten Pola-Pola, die Cevapcici aus gemischtem Hackfleisch und der Grillteller sind beliebt bei den Gästen. Die angebotenen Portionen sind groß und preiswert. Es gibt sogar Kroketten – gleich zehn Stück, da stört's auch nicht, dass sie nicht hausgemacht sind.

Besonderer Beliebtheit erfreuen sich auch die über Facebook angekündigten und zu bestimmten Tagen angebotenen Spezialitäten vom Balkan beziehungsweise aus Serbien, darunter das bekannte Gravče na tavče (überbackene Bohnen), Sarma (Krautwickel) oder Svadbarski kupus (Kraut mit verschiedenen geschmorten Fleischsorten), für die man aber reservieren muss. Ergänzt wird das Speisenangebot an einigen Fest- oder Feiertagen darüber hinaus durch Steckerlfisch, Spanferkel oder Spareribs.

Unter den Besuchern des Lokals sind viele Stammgäste, in der Mittagspause auch viele Angestellte aus den umliegenden Büros.

Adresse Leopoldstraße 244A, 80807 München-Schwabing, Tel. 089/35003872, www.gaststatte-no-26.de | **MVV** Bus 140, 141, Haltestelle Griegstraße; Tram 23, Haltestelle Anni-Albers-Straße | **Öffnungszeiten** ganzjährig täglich 11 – 22 Uhr | **Ausstattung** Parkplatz | **Tipp** In der Urbar (Leopoldstraße 53), einer angenehmen Café-Bar mit lauschigem Biergarten, kann man nicht nur wunderbar relaxen, sondern bei günstigen Snacks und Tegernseer Hellem oder Cocktails auch Live-Fußball gucken.

37_Gaststätte Schlösselgarten

Ein original bayerischer Biergarten

Wer zum ersten Mal vor der Gaststätte Schlösselgarten steht, staunt nicht schlecht. Ein bayerisches Wirtshaus mit bemalter Fassade und einem riesigen Biergarten mit circa 500 Sitzplätzen – und das mitten in einer Kleingartenanlage. Zudem sieht man von hier aus nirgendwo Kleingärten, sie liegen versteckt hinter ausgewachsenen Hecken und Sträuchern. Und in westlicher Richtung blickt man auf eine Parklandschaft mit großer Wiese und hohen Bäumen. Dass sich die Menschen hier wohlfühlen, merkt man sofort, wenn man den Biergarten betritt. Hier herrscht eine zwanglose, angenehme, fast heitere Atmosphäre. Ein in Tracht gekleideter Kellner ist gleich zur Stelle und berät einen geduldig, wenn man sich nicht entscheiden kann. Zusätzlich zur Speisekarte gibt es noch Angebote auf den Kreidetafeln. Die Currywurst schmeckt gut, selbst die Pommes, die Portion ist großzügig. Die Fleischpflanzerl mit Kartoffel-Gurken-Salat und die Spareribs, die der Kellner zum Nebentisch balanciert, machen ebenfalls Appetit. Neben kleineren Gerichten und Brotzeiten gibt es unter anderem Schweinebraten, Schnitzel, Ochsenbrust, Zander und vegetarische Gerichte. Als Nachtisch locken Marillenpalatschinken und hausgemachte Apfelkücherl. Die Preise sind moderat. Ausgeschenkt werden Löwenbräu und Franziskaner.

Die Kleingartenanlage NO 19 Schlösselgarten ist mit 270 Parzellen eine der größten Münchens und beginnt direkt hinter der Klinik Bogenhausen. Kleingarten und Gaststätte sind benannt nach dem Höchl-Schlössl, einer ehemaligen Künstlervilla, deren Fassade zu den Schrebergärten ausgerichtet ist. Die Villa befindet sich nahe dem sogenannten Odins- oder Wotanshain hinter dem Klinikum. In besagtem Hain steht noch heute die kolossale Wotan-Statue des Bildhauers Heinrich Natter, die im Auftrag von Anton Höchl entstand und im Jahr 1873 auf der Weltausstellung in Wien ausgestellt wurde.

Adresse Kleingartenanlage NO 19 Schlösselgarten, Cosimastraße 41, 81925 München-Bogenhausen, Tel. 089/915452, www.schlösselgarten.com | MVV Tram 16, 37, Haltestelle Schlösselgarten; U4, Haltestelle Arabellapark | Öffnungszeiten Di–Sa 11–23 Uhr, So 11–22 Uhr, warme Küche ab 11.30 Uhr; Jan. und Febr. geschlossen; keine Kartenzahlung | Tipp Im nahen Cosimawellenbad mit Außenbereich kann man gut relaxen, auch für Kinder ist viel Abwechslung geboten.

38 Gaststätte Zur Waldhütte

An einem der schönsten Wälder Münchens

»Auf welchem Weg seid ihr hergekommen?«, fragt der aus der Nähe von Neapel stammende Wirt Lino die ersten Gäste des heutigen Tages. »Durch den Wald – ja klar!«, nickt er zustimmend. Das Kleingartenlokal Zur Waldhütte liegt so versteckt, dass es von den meisten Einwohnern der angrenzenden Stadtteile eher zufällig entdeckt wird. Und die schönste Strecke dorthin – zu Fuß oder mit dem Rad – führt über die Schleichwege des angrenzenden Waldes. Das Kapuzinerhölzl ist ein Eichen-Hainbuchen-Wald mit dichtem Blätterdach und plötzlich auftauchenden Lichtungen. Der Baumbestand ist bis zu 200 Jahre alt, und am Boden der Lichtungen wachsen die Traubige Graslilie, die Esels-Wolfsmilch, der Voralpenklee und andere Preziosen.

Der Garten des Lokals besteht aus einem gemütlichen Innenhof und einer großen Wiesenfläche, die von Sichtschutzhecken begrenzt und von einem gut ausgestatteten Spielplatz flankiert wird. Es gibt unterschiedlichste Sitzgelegenheiten, typische Biergartenmöbel ebenso wie kleinere Holztische mit Stühlen. Wer allein bei einem Bier vom Fass die Sonne und die ruhige Idylle genießen möchte, findet hier genauso einen passenden Platz wie die gesellige Runde. Und Lino, der schon seit über 30 Jahren als Wirt in der Gastronomie tätig ist, ist schnell zur Stelle. Eloquent und aufmerksam erklärt er einem die Tageskarte, die man auch auf großen Kreidetafeln lesen kann. Neben Pastagerichten sind besonders die diversen Schnitzel und die Currywurst mit Pommes beliebt, nicht zu vergessen der günstige Kaiserschmarrn mit Apfelmus, den man allein kaum schafft. Das Angebot ist abwechslungsreich und umfasst sogar mehrere vegetarische Gerichte. Im Sommer ist manchmal auch eine separate Grillstation für Spareribs, Hähnchen und Steckerlfisch in Betrieb.

Selbst bei Regen kann man wunderbar unter den großen Sonnenschirmen sitzen, und wenn es kälter wird, verweilt man in der gemütlichen Hütte am Kaminfeuer.

Adresse Kleingartenverein NW 17, In den Kirschen 100, 80992 München-Moosach, Tel. 0171/9898931 | MVV Tram 17, Bus 143, 180, Haltestelle Amalienburgstraße, von dort 5–10 Minuten zu Fuß oder per Rad auf Höhe der Haltestelle durch den Wald des Kapuzinerhölzls (Navi benutzen) oder bei der Menzinger Straße 54a hinein | Öffnungszeiten 1. April–15. Okt. täglich 10–22 Uhr, Küche bis 20 Uhr; keine Kartenzahlung | Ausstattung Parkplätze | Tipp Eine Gewächshausführung im nahen Botanischen Garten München-Nymphenburg ist ein Highlight für Pflanzenliebhaber (www.botmuc.de).

39 Griechische Taverne »Zur Gartenlaube«

Inmitten prachtvoller Gärten

Auf ein ungewöhnlich großes Vereinslokal eines Schrebergartens trifft man unweit des Westfriedhofs in der Schrebergartenanlage NW 03. Die griechische Taverne »Zur Gartenlaube« wird seit 1987 von der Familie Papachristou geführt, mittlerweile in zweiter Generation. 1990 wurde das alte Lokal durch ein modernes Blockhaus ersetzt. Innen findet man sich in einem hohen und dennoch gemütlichen Saal wieder. Das Haus ist umgeben von einem herrlichen Biergarten, hier sitzt man unter dem ausladenden Hausdach, unter freiem Himmel oder unter alten Laubbäumen inmitten von beeindruckend gestalteten Kleingärten, die hinter halbhohen grünen Hecken sichtbar werden. Wer den Hauptweg vom Lokal in Richtung Westfriedhof geht, entdeckt weitere Gärten, die anzuschauen sich lohnt.

Serviert wird griechisches Essen, wie man es in dieser Qualität und Bandbreite aus Griechenland kennt. Gelegentlich steht sogar Ziege auf der Wochenkarte, ein Gericht, das in München in fast keinem Lokal angeboten wird. Bemerkenswert ist die Auswahl an hausgemachten griechischen Mezedes, sehr gut das Zaziki. Im Sommer gibt es Lammkotelett, Babyspareribs, Dorade und Forelle vom Holzkohlegrill. Und seit der Coronazeit auch gefüllte Pitataschen, aber nur zum Mitnehmen. Die Preise sind höher als in anderen Kleingartenlokalen, es gibt jedoch auch eine Mittagskarte mit günstigen Gerichten.

Das Gartenlokal ist bei schönem Wetter immer sehr gut besucht. Häufig ist der Garten voll besetzt, obwohl er recht groß ist, aber drinnen ist immer noch ein Plätzchen frei. Es kommen viele Stammgäste, auch aus anderen Stadtteilen. Zu Stoßzeiten ist eine Reservierung sinnvoll.

Die Kleingartenanlage liegt in Moosach, dem ältesten Stadtteil Münchens, nicht weit entfernt vom Olympiapark. Moosach wurde im Jahr 807 erstmals urkundlich erwähnt.

Adresse Kleingartenanlage NW 03, Dachauer Straße 293, 80992 München-Moosach, Tel. 089/1575020, www.zur-gartenlaube.de | **MVV** U1, U7, Tram 20, Haltestelle Westfriedhof; Tram 21, Haltestelle Stadtwerke München | **Öffnungszeiten** Di–So 11–24 Uhr, warme Küche bis 21.30 Uhr | **Ausstattung** Spielplatz | **Tipp** Die nahe Borstei ist eine denkmalgeschützte Wohnsiedlung, die in den 1920er Jahren erbaut wurde. Die 77 Wohnhäuser sind durch Torbögen und Durchgänge miteinander verbunden, und in den Innenhöfen befinden sich Gärten mit zahlreichen Statuen und Reliefs.

40 Gyoza Bar

Try all

Typisch chinesische Speisen wie Schweinefleisch süß-sauer, Ente oder Frühlingsrollen sucht man hier vergebens. Das Lokal, das seit 2014 von dem gebürtigen Chinesen Jinlong Li betrieben wird, ist spezialisiert auf Dumplings, einen anderen Klassiker der chinesischen Küche. Dumplings sind gefüllte Teigtaschen, wie sie zuerst in China entstanden – dort werden sie Jaizoi genannt – und in Japan als Gyoza bekannt wurden. Die japanischen Teigtaschen werden original meist mit Schweinehackfleisch oder mit Gemüse gefüllt, neben diesen zwei Varianten kann man hier zusätzlich wählen zwischen einer Rindfleisch- und einer Hühnerfleischfüllung. Shiitakepilze, Ingwer, Karotten, Zwiebeln und Kraut sind in allen Mischungen enthalten. Serviert werden die gedämpften und einseitig angebratenen Teigtaschen auf einem länglichen Teller als kleine oder große Portion (acht oder zwölf Stück) mit zwei Soßen. »Try-all« steht als Option auf der Karte – diese Möglichkeit, alle Varianten gleichzeitig zu probieren, sollte der Neuling nutzen. Als leichte Hauptmahlzeit (eventuell noch mit einfacher Suppe und einem Krautsalat ergänzt) oder als Snack zwischendurch – dazu passt am besten ein Glas Lugana – ein wunderbares Essen. Zum Schluss gibt es noch einen kleinen kostenlosen Mangopudding.

Neben den Gyoza stehen auf der dekorativen Karte noch Wantans, sehr dünne Teigtaschen mit einer Füllung aus Schweinefleisch und Garnelen, die in einer sattmachenden Gemüse- oder Nudelsuppe gegessen werden. Und es gibt sie doch noch: Auf einer Tageskarte finden sich zwei gewöhnliche Gerichte, Schweinebauch oder Hähnchenkeule mit Reis.

Das kleine, enge Lokal liegt etwas versteckt, zurückversetzt zum benachbarten Gebäude. Es ist stilvoll eingerichtet wie ein eleganter Imbiss, mit einer überschaubaren Anzahl von Plätzen. Auf der Terrasse stehen Zweiertische, die bei größeren Besuchergruppen zusammengerückt werden.

Adresse Augustenstraße 47a, 80333 München-Maxvorstadt, Tel. 089/20346647 | MVV U1, U7, Tram 20, 21, Haltestelle Stiglmaierplatz; U1, U2, U8, Haltestelle Königsplatz | Öffnungszeiten täglich außer Di 11–22 Uhr | Tipp Das Paläontologische Museum in der Richard-Wagner-Straße 10 beherbergt sehenswerte Dinosaurierskelette und versteinerte Fossilien. Der Eintritt ist frei.

41 Hecht und Sonne

Urlaub vom Alltag

Wer auch zu Hause ein echtes Urlaubsgefühl erleben möchte, fährt zum Hollerner See und setzt sich in den Biergarten des Kiosks Hecht und Sonne. Er liegt auf einer Anhöhe, von der man einen traumhaften Blick auf das Panorama des Hollerner Sees hat. Das türkisfarbene Wasser, die weißen Sandstrände, die Schilfgürtel am Ufer, die Insel mitten im See, die unendliche Weite der Landschaft – ein idealer Ort, um zur Ruhe zu kommen. Besonders angenehm in der Sommerhitze ist der gleichmäßige, manchmal aufbrausende Wind. Die leise Musik aus den Lautsprechern am Kiosk ist gut gewählt. Der Garten des Kiosks ist recht groß und bietet sonnige bis sehr schattige Plätze an Biertischen unter großen Sonnenschirmen. Bequem machen kann man es sich in Liegestühlen oder auf Lounge-Möbeln aus Paletten. Die Speise- und Getränkekarte ist gut durchdacht, die Preise sind für einen Kiosk allerdings etwas gehoben. Neben Brotzeiten, Salaten und vegetarischen Gerichten gibt es Klassiker wie Cheeseburger, Spareribs und Ochsenfetzensemmel. Flaschenbier (Ayinger und zwei alkoholfreie Sorten) wird in eisgekühlte Steinkrüge eingeschenkt, daneben werden mehrere ausgesuchte Weine und Cocktails, auch alkoholfreie, angeboten.

Direkt neben dem Garten des Kiosks führt eine Treppe runter zum Strand. In der Nähe sind riesige Liegewiesen, ein Beachvolleyballfeld und zwei Boulebahnen.

Der Hollerner See ist mit einer Größe von 41 Hektar der größte Badesee in der Region München und liegt zwischen Eching und Unterschleißheim. Wie viele Badeseen ist er aus einem Baggersee nach großflächigem Kiesabbau hervorgegangen. Erst 2020 wurde er offiziell zum Baden freigegeben. Der Kiosk eröffnete 2021. Der See hat viele naturbelassene Stellen. In dem bis zu 17 Meter tiefen Gewässer leben zahlreiche Fischarten, in den Schilfgürteln – insbesondere auf der Insel – brüten seltene Vögel.

Adresse Am Fretz 3, 85386 Eching, Tel. 0162/8019968, www.hechtundsonne.de | **MVV** S1, Haltestelle Bahnhof Lohhof oder Bahnhof Eching, von dort mit dem Rad in circa 10–15 Minuten erreichbar | **Öffnungszeiten** Di–So 12–22 Uhr, im Winter nur bei schönem Wetter | **Ausstattung** großer Parkplatz (gebührenpflichtig) | **Tipp** Das Mallertshofer Holz mit Heiden ist ein 600 Hektar großes Naturschutzgebiet, das an den Hollerner See grenzt. In der abwechslungsreichen Landschaft aus Kiefernwäldern und großen Heidewiesen trifft man auf eine vielfältige Pflanzen- und Tierwelt.

42 Heckerkeller Matteo De Luca

Im malerischen Grafing

Wir sind etwa 30 Kilometer südöstlich von München. Vom S-Bahnhof Grafing Stadt sind es zu Fuß noch zehn Minuten. Über die Lagerhausstraße gelangt man ins Zentrum. Vom Marktplatz mit seinen barocken Häuserfassaden kommt man direkt zur Rotter Straße – vorbei an mehreren Kirchen, darunter die selten geöffnete Leonhardikirche mit beeindruckenden mittelalterlichen Fresken.

Wirtshaus und Biergarten liegen auf einer Anhöhe am Ortsrand. Der Biergarten ist bestanden von teils jahrhundertealten Linden. Hinter der ältesten kann sich eine ganze Familie verstecken. Von hier hat man einen herrlichen Blick auf den Turm der im Dreißigjährigen Krieg beschädigten und noch im 17. Jahrhundert wiederaufgebauten Pfarrkirche St. Ägidius. Auch das Wirtshausgebäude hat seine historischen Wurzeln im 17. Jahrhundert. Im Biergarten befindet sich ein mit einer Luke verschlossener Zugang zu einem unterirdischen, labyrinthartig angelegten Keller. Daher kommt der Name der Gaststätte: Heckerkeller.

In dem bayerischen Wirtshaus ist ein italienisches Restaurant untergebracht. Wirt und Koch ist Matteo De Luca, der das Lokal seit acht Jahren gemeinsam mit seiner Familie betreibt. Die hohe Qualität der Speisen, die moderaten Preise und nicht zuletzt die gemütlichen Innenräume und der einzigartige Biergarten ziehen Stammpublikum an. Gäste schätzen das Lachsfilet vom Grill, die gemischte Fischplatte, die Kalbsleber auf venezianische Art, die sehr gute Pizza und die große Pasta-Auswahl mit auch seltenen Varianten. Das Bier ist von Wildbräu. Die Brauerei befindet sich in Sichtweite. Es ist die älteste Privatberauerei der Welt. Eine im Münchner Stadtarchiv entdeckte Urkunde beweist, dass schon seit 1060 in Grafing Bier gebraut wird. Für eine Führung mit Bierverkostung sollte man sich rechtzeitig anmelden.

Adresse Rotter Straße 13, 85567 Grafing, Tel. 08092/3000873, www.heckerkeller-matteo-de-luca.business.site | MVV S4, S6, RB 48, Haltestelle Grafing Stadt | Öffnungszeiten Do 11.30–14.30 und 17–22.30 Uhr, Fr–Sa 11–14.30 und 17–22.30 Uhr, So 11–14.30 und 17–22 Uhr | Ausstattung Spielplatz im Biergarten | Tipp Die Schloßgaststätte Elkofen bietet nicht nur gutes, preiswertes Essen, sondern hat auch einen wunderschönen umwaldeten Biergarten. Vom S-Bahnhof Grafing Stadt erreicht man den Ort mit dem Rad in zehn Minuten.

43 Herzis Wirtschaft

Teufelstoast und Rote-Bete-Wraps

Nachdem er Anfang 2022 in »Mein Lokal, Dein Lokal« aufgetreten ist, hat es Erik Herz, der im bayerischen Burghausen aufgewachsen ist, als Koch zu einiger Bekanntheit gebracht. Manche Besucher aus der Region und dem restlichen Deutschland wünschen sich nichts sehnlicher, als sich nach München-Fasangarten zu begeben und sich dort von ihm kulinarisch verwöhnen zu lassen.

Und genau darum geht es dem charismatischen Wirt, der nach der Lehre mehrere Jahre als Koch arbeitete und sich später auf einer langen Weltreise, davon viele Monate in Thailand, kulinarisch inspirieren ließ, bevor er im August 2020 – mitten in der Coronazeit – das Kleingartenlokal im Stadtteil Fasangarten übernahm. Er möchte seine Gäste begeistern mit bayerischer und internationaler Küche und einem Ambiente, das es so nirgendwo anders gibt.

Dass er auf seine ganz eigene Weise kocht und für Überraschungen sorgt, wurde schon in der Kochsendung deutlich. Neben Traditionellem wie Presssack, Obazda, einem Brotzeitbrettl, Schnitzel Wiener Art, Schweine- und Zwiebelrostbraten stehen gratinierte Jakobsmuscheln auf Blaukrautsalat mit Champagnersoße, Ceviche von der Weißwurst, Burghausener Teufelstoast und Tatar vom Weiderind auf der Standardkarte. Auf den wechselnden Wochenkarten finden sich unter anderem Cataplana (portugiesischer Fischeintopf), asiatisch marinierter Saibling, Rote-Bete-Wraps mit Orange-Hummus-Salat und Gnocchi mit Trüffelpesto. Je nach Lust und Geldbeutel gönnt man sich hier ein mehrgängiges Menü oder begnügt sich mit einem einfachen Schweinebraten. Und das in einer lockeren, zwanglosen Atmosphäre, die ein bunt gemischtes Publikum anzieht.

Der herrlich eingewachsene Biergarten ist mit viel Sinn und Liebe fürs Detail gestaltet und am Abend unter den Lichterketten besonders gemütlich. Auch die Innenräume vermitteln eine behagliche Stimmung, stilvoll mit Kronleuchtern und Hirschgeweihen.

Adresse Kleingartenverein SO 58 e. V., Görzer Straße 201, 81549 München-Fasangarten, Tel. 089/35094522, www.herziswirtschaft.de | MVV S3, S7, Haltestelle München-Fasangarten; Bus 145, N75, Haltestelle Görzer Straße | Öffnungszeiten Mi–Do 11.30–24 Uhr, Fr, Sa 11.30–1 Uhr, So 11.30–24 Uhr | Tipp In der Zimtschneckenfabrik in der Chiemgaustraße 81 soll es die besten Zimtschnecken Münchens geben.

44_Hitomy

Japanisch essen in Pasing

Dieses kleine Lokal, ein japanisches Restaurant, ist nur drei Fußminuten vom Pasinger Bahnhof entfernt. Es liegt in einem ruhigen Hinterhof und bietet neben einem kleinen Garten mit etwa 20 Plätzen ähnlich viele Sitze im Innern. Aufgrund seiner Größe und der Gestaltung der Theke, wo man dem Koch bei der Zubereitung der Speisen zugucken kann, macht es einen imbiss-ähnlichen Eindruck, was dadurch verstärkt wird, dass es eine Karte für den Bestell- und Lieferservice gibt und alle Gerichte auch zum Mitnehmen angeboten werden. Man entdeckt es eher zufällig, es liegt zwischen Kafler- und Bodenseestraße nahe der Würm.

Die Speisekarte eröffnet mit einer imposanten vierseitigen Sushi-Präsentation, es folgen zehn Vorspeisen, vier Suppen und sieben verschiedene Salate. Sommerrollen, Curry-Reis, Saté, Chahan (gebratener Reis) und thailändische Reisnudelgerichte gibt es wahlweise mit Tofu, Hühnerfleisch, Ente oder Garnelen. Unter den weiteren Hauptspeisen sind vietnamesische Gerichte, Ramen-Suppen sowie Spezialitäten vom Grill. Interessant ist, dass gleich unter dem Namen des Restaurants der Untertitel »Gegrillte Tempura und Sushi« steht.

Tempura, also in leichtem Backteig zubereitete Gemüse, Garnelen und Fisch, stehen auch auf der Karte und sind als Gemüseversion zudem Bestandteil einer Bentobox, die unbedingt empfehlenswert ist: Auf einer Schiefertafel wird ein Berg fein gebackenes Tempura-Gemüse angerichtet, das ausgezeichnet schmeckt und ergänzt wird durch vier mit Avocado umhüllte Sushi-Rollen, Salat, Reis und zwei kleine Schälchen mit Ingwer-Wasabi und Sojasoße. Als Vorspeise eignet sich eine Miso-Suppe. Die Bentobox wird statt dem Berg Gemüse auch mit Ente, Lachs oder Beef angeboten, Variationen, die nicht minder zu empfehlen sind. Das Essen ist erschwinglich. Und das Sushi hat eine Qualität, die man sieht und schmeckt.

Adresse Bachbauernstraße 5, 81241 München-Pasing, Tel. 089/82003866, www.hitomy.de | **MVV** Tram 19, S-Bahnen, Züge und Busse bis Bahnhof München-Pasing | **Öffnungszeiten** Mo–Sa 11–22 Uhr | **Tipp** Sehr gemütlich sitzt man im Schweizer Hof nahe dem Pasinger Marienplatz, einem zwanglosen bayerischen Wirtshaus mit eigener Metzgerei und Biergarten.

45 Hofbräu am Oberwiesenfeld

Kartenspielen erwünscht

Das Wirtshaus gibt es schon seit 1925. Damals sah die Umgebung noch völlig anders aus. Anstelle des für die Olympischen Spiele 1972 angelegten Olympiaparks befand sich auf dem einst flachen Oberwiesenfeld seit Ende des 19. Jahrhunderts ein Landeplatz für Luftschiffe. Mit dem Aufkommen der Flugzeuge entstand hier 1909 auch ein Flugplatz, der 1931 zu Münchens erstem internationalen Flughafen ausgebaut und 1939 durch den Flughafen München-Riem ersetzt wurde. An den Namen Oberwiesenfeld erinnern heute noch der U-Bahnhof Oberwiesenfeld, die gleichnamige Straße und das Wirtshaus.

Über dem privaten Nebeneingang der Gaststätte, die Teil einer historischen Wohnsiedlung ist, hängt noch das alte Schild »Gassenschänke«. Manche halten das Haus für eines der letzten traditionellen Gasthäuser Münchens. Der Wirt und Koch Martin Rupp, dessen Eltern das Hofbräu am Oberwiesenfeld 1965 gepachtet haben, führt die Gaststätte seit 1996. Neben dem großen Innenraum befindet sich vor der Außenfassade um den Haupteingang eine von einer kleinen Mauer umgebene, überdachte Terrasse mit 60 Plätzen, ruhig gelegen an der wenig befahrenen Straße.

Die Gäste – zum größten Teil Stammpublikum aus den umgebenden Vierteln, daneben auch Besucher, die sich nach einer Veranstaltung im nahen Olympiagelände einfinden – schätzen die bodenständige bayerische Hausmannskost und ein Ambiente, in dem sich jeder wohlfühlt. Auf der Karte stehen nicht nur alle bayerischen Klassiker, sondern auch Wellfleisch, Saure Lunge und Kalbsherz. Köstlich die Rinderroulade und der Kaiserschmarrn. Satt machende Portionen zu moderaten Preisen.

Musikanten treffen sich hier ebenso regelmäßig wie Kartenspieler und eine Reihe Vereine – und das seit vielen Jahrzehnten. 1970 wurde im Hofbräu am Oberwiesenfeld der »Verein gegen betrügerisches Einschenken« gegründet, dessen ehrenamtliche Prüfer heute weit über München hinaus aktiv sind.

Adresse Hildeboldstraße 23, 80797 München-Schwabing-West, Tel. 089/303286, www.oberwiesenfeld.de | MVV Tram 27, Haltestelle Herzog- oder Ackermannstraße; Bus 53, 59, Haltestelle Nordbad | Öffnungszeiten täglich 11–24 Uhr, warme Küche bis 22 Uhr | Tipp Einen 11 Meter langen und 80 Tonnen schweren Baumriesen von der Elfenbeinküste kann man in der Winzererstraße 45 (fünf Minuten zu Fuß) vor dem Holzforschungsinstitut der TU München bestaunen. Wie der Baum in den 1970er Jahren nach Europa transportiert wurde, wird anschaulich auf einer Infotafel dokumentiert.

46 Imbiss im Hackermoos

Am Ufer des Fischweihers

Wer zum ersten Mal den Imbiss im Hackermoos mit dem Auto oder Rad aufsucht, an der kleinen Kapelle am Straßenrand vorbeigeht und den Imbisswagen und die grüne Wiese mit den aufgestellten einfachen Gartentischen am Ufer des Fischweihers sieht, ist überwältigt. Es ist ein traumhaft schöner, geradezu zauberhafter Ort.

Betrieben wird der Imbiss von Ilse Eigner, der früheren Wirtin des Mooshäusl, einer Gaststätte in unmittelbarer Nähe, die heute von ihrer Tochter als Pension mit Gasthaus geführt wird. Frau Eigner kocht alles selbst, jedes Gericht wird frisch zubereitet. Dabei wird sie unterstützt von ihrer Familie.

Vor dem Imbisswagen stehen vier eng beschriebene Kreidetafeln mit den Gerichten. Aber es gibt auch eine Speisekarte, die an den Tisch gebracht wird, denn man wird hier wider Erwarten bedient. Die Auswahl an solider bayerischer Hausmannskost erinnert an die Speisekarte eines Gasthauses, doch die Preise sind die eines günstigen Imbisses. Auf der Tageskarte stehen Schaschlikspieße mit Pommes, Geschnetzeltes und Käsespätzle, alles mit Beilagensalat. Die drei Schaschlikspieße sehen appetitlich aus, das zarte Fleisch zerfällt beim Schneiden. Auf der Standardkarte stehen unter anderem paniertes Fischfilet mit Kartoffeln und Schnitzel. Es gibt auch kleinere Gerichte wie hausgemachte Sülze, Presssack sowie Lachs-, Schnitzel- oder Steaksemmeln. An diesem idyllischen Ort bleiben viele lang. Mit Kaffee und Kuchen könnte man das ländliche Mahl ausklingen lassen.

Das Hackermoos, das zum Dachauer Moos gehört, war übrigens jahrhundertelang undurchdringliches Sumpfgebiet. Erst als die Münchner und Dachauer Brauereien Mitte des 19. Jahrhunderts auf Torffeuerung umstellten und Moosgründe zur Torfgewinnung benötigten, wurde die Region erschlossen. Das nahe Gasthaus Mooshäusl entstand 1875 ursprünglich als Schänke für die Torfstecher.

Adresse Badersfelder Straße 1, 85764 Hebertshausen, Tel. 089/3153850 | MVV von den S-Bahn-Stationen Ober- und Unterschleißheim mit dem Rad zu erreichen | Öffnungszeiten Sa, So 10–18 Uhr | Ausstattung einige wenige Parkplätze | Tipp Die für die Olympischen Spiele 1972 angelegte Regattastrecke vier Kilometer südlich ist ein schönes Ausflugsziel.

47 Incontro

Traditionelle apulische Küche neu interpretiert

Das Foto im Innenraum zeigt weiß zeigt weiß getünchte Rundhäuser mit grauen kegelförmigen Dächern, die wie Zipfelmützen aussehen. Die sogenannten Trulli sind *die* Attraktion im Itria-Tal im süditalienischen Apulien. Einige dieser ohne Mörtel errichteten Steinbauten sind über 300 Jahre alt, die ältesten stammen aus dem 14. Jahrhundert.

An den Wänden des Restaurants hängen noch weitere großformatige Fotografien, die die unvergleichliche Landschaft Apuliens zeigen. Es ist die Heimat von Peppino Ciccarone und seinem Bruder Antonio, die das Incontro seit nunmehr 20 Jahren betreiben. Das Lokal liegt etwas unscheinbar in einer Sportanlage in einem ruhigen Sendlinger Wohnviertel. In den Innenräumen ist Platz für bis zu 90 Personen, draußen können bis zu 140 Gäste sitzen.

Auf den ersten Blick bietet die umfangreiche Speisekarte mit zahlreichen Pizza- und Pastavarianten italienisches Essen, wie man es aus den meisten italienischen Restaurants kennt. Wer auf die Tageskarte blickt, findet sich in einem Feinschmeckerlokal wieder. Selbst ein Vier-Gänge-Menü mit oder ohne Weinbegleitung wird angeboten. Und all das zu einem guten Preis-Leistungs-Verhältnis. Mit original apulischer Küche wollen die Fratelli Ciccarone ihre Gäste verwöhnen und greifen dafür vor allem auf die traditionellen Rezepte zurück, die sie von ihrer *mamma* erhielten. Wie einen geheimen Schatz bewahren sie auch die Gewürz-Kompositionen, die ihre Gerichte unverwechselbar machen. Einiges interpretieren sie neu. So gibt es etwa hausgemachte Ravioli mit Obazda-Füllung und süßsauren Tropea-Zwiebeln, ein bayerisch-italienisches Carpaccio mit Salicorne (Meeresspargel) und Pistacchio oder Entenkeule gefüllt mit Waldpilzen, Cardoncelli-Pilzen und Blaukraut-Polenta.

Einen guten Eindruck ihrer Leidenschaft und Kreativität erhält man auf ihrer Facebook-Seite, auf der auch gelegentliche Events mit apulischen Menüs und »Flying-Buffets« angekündigt werden.

Adresse Werdenfelsstraße 70, 81377 München-Sendling, Tel. 089/92778552 | MVV Bus 54, 160, 167, 268, Haltestelle Waldfriedhof | Öffnungszeiten Di–Fr 11.30–14 und 17.30–22 Uhr, Sa, So, Feiertage 11.30–22 Uhr | Tipp Die schattigen Wälder des Waldfriedhofs und des Südparks, auch Sendlinger Wald genannt, eignen sich ideal für einen Sommerspaziergang und sind nur zehn Minuten entfernt.

48 Isaralm

Lauschig und ruhig

Der schönste Weg zu diesem Kleingartenlokal führt durch den Wald der Isarauen. Dabei kann man sich am Aubach orientieren, denn diesen muss man überqueren, bevor man völlig überrascht vor dem Gartentor zur Isaralm steht. Es ist ein großzügig angelegter Garten mit großer Wiese. Darauf befinden sich viele Tische mit Stühlen, in der kälteren Jahreszeit sind diese mit weißen Fellen bedeckt. Am Rand unter den Schatten spendenden hohen Bäumen stehen Biergartentische mit Bänken. Und es gibt eine Art Pavillon mit sechs grünen Sitzsäcken sowie ein paar Liegestühlen.

Die flache Holzhütte mit überdachtem Außenbereich ist innen wie ein Kiosk eingerichtet. Hier holt man sich die Getränke und bestellt das Essen, das vom Servicepersonal später zum Platz gebracht wird. Neben kleineren Gerichten wie Weißwurst mit Brezen, Obazda und Knödelsalat stehen Currywurst mit Pommes, Halloumi, Spinatknödel und Steak auf der Karte, daneben gibt es ein paar Tagesgerichte, die draußen auf aufgestellten Kreidetafeln notiert sind. Das Fleisch stammt aus ökologischer Tierhaltung. Die Preise insgesamt sind für ein Kleingartenlokal etwas gehoben. Allseits beliebt sind die krossen Pommes, die in einer großen bedruckten Papiertüte in einem Glas an den Tisch gebracht werden. Bier gibt es vom Fass, einige Sorten in Flaschen, Bio-Limonaden und selbst gemachte Schorlen ebenfalls in mehreren Varianten.

In dem ruhigen, etwa 300 Quadratmeter großen Garten der Isaralm kann man allein oder mit Freunden wunderbar relaxen und einen erholsamen Nachmittag verbringen. Das Publikum ist gemischt, darunter sind auch viele Jugendliche und Studenten. Die Anlage ist ganzjährig geöffnet, im Winter gibt's Glühwein und Punsch.

Wie in einem Biergarten ist es auch hier erlaubt, das Essen selbst mitzubringen. Nach Absprache kann man sogar den Grill benutzen und das eigene Grillfleisch auflegen. Die Aktion nennt sich »Open Grill«.

Adresse Kleingartenanlage Süd-West 54, Nithartstraße 8, 81541 München-Untergiesing-Harlaching, Tel. 089/6518154 oder Tel. 0176/77538492, www.isaralm.de | MVV Bus 52, Haltestelle Tierpark (Alemannenstraße) | Öffnungszeiten Frühling und Sommer täglich 12–22 Uhr; keine Kartenzahlung | Tipp Das Lucullus in Untergiesing ist eine griechische Taverne, in der man bei bezahlbaren, üppigen Portionen einen schönen Abend verbringen kann.

49 Kastaniengarten

Ein Rückzugsort unweit der Innenstadt

Abgeschirmt vom Lärm der nahen Westendstraße liegt das Kleingartenlokal inmitten einer der ältesten Schrebergartenanlagen Münchens. 1913 wurde diese Kleingärtnerkolonie von 600 eifrigen Eisenbahnern erschaffen. Denn das Gelände gehörte einst der »Bahn-Landwirtschaft Unterbezirk München-West«, und der Kastaniengarten ist heute noch vielen Besuchern als Eisenbahner-Biergarten bekannt. Wovon auch das große Eisenbahnsignal neben dem Lokal erzählt.

Damals – in den 1940er Jahren – war die Anlage noch vier Mal so groß wie heute. Und damals sahen die geliebten Refugien noch aus wie kleine Bauernhöfe. Kleintierzucht war unter den Gärtnern früher sehr beliebt und verbreitet. Als das Bus- und Straßenbahndepot und mehrere Wohnhäuser für Bahnbedienstete gebaut wurden, mussten viele Gärten weichen. Heute gibt es hier noch etwa 130.

Die gebürtige Kroatin Nada Wolfer, Wirtin und Pächterin seit 25 Jahren, wird unterstützt von ihrem Ehemann Roland. Auch wenn der Garten voll ist, wartet hier niemand lange. Die Speisekarte ist umfangreich. Kroatische Spezialitäten vom Grill gibt es neben Schnitzel, Fisch und vegetarischen Gerichten. Wer wenig Hunger hat, kann auch kleine Portionen bestellen. Zudem stehen günstige Tages- und Mittagsgerichte in großer Schrift auf Kreidetafeln.

Insgesamt gibt es circa 250 Sitzplätze, von denen sich 80 bis 90 im holzgetäfelten Innenbereich befinden. Der idyllische Garten liegt großenteils auf einer grünen Wiese. Man sitzt auf Bierbänken schattig unter Kastanienbäumen oder genießt die Sonne. Besonders schön ist es hier auch am Abend oder in einer warmen Sommernacht. Das Gartenlokal liegt genau an der Grenze Laim/Sendling unweit der Innenstadt. Viele, die in der Nähe arbeiten, wohnen oder einkaufen, lieben diesen Ort. Man kommt schnell ins Gespräch. Der Eingang zur Kleingartenanlage befindet sich direkt gegenüber vom OBI-Markt.

Adresse Westendstraße 230, 80686 München-Laim, Tel. 089/5704223 | MVV Tram 18, Haltestelle Fachnerstraße; U4, U5, Haltestelle Westendstraße | Öffnungszeiten ganzjährig Di–So 10–23 Uhr | Tipp Die letzten Gäste gehen, wenn der Kastaniengarten schließt, noch gern auf einen Absacker ins Athen an der Westendstraße gegenüber der Kleingartenanlage.

50 Kiosk Isarwahn

Chillen an der Wittelsbacherbrücke

An der Wittelsbacherbrücke unweit des Kolumbusplatzes befindet sich dieser trendige Kiosk an einem Ort, der bei schönem Wetter Hunderte Menschen ans Isarufer treibt. Hier ist der ideale Ausgangspunkt für Spaziergänge oder Radtouren an der Isar gen Süden. Oder einfach, um am Feierabend auf den Stufen an der renaturierten Isar zu sitzen und allein oder in geselliger Runde zu relaxen. Nicht wenige versorgen sich zuvor am Isarwahn-Kiosk mit Getränken. Oder lassen sich gleich in einem der Liegestühle oder auf einem der selbst gezimmerten Holzmöbel am Kiosk nieder. Besonders schön kann man hier auch den Sonnenuntergang genießen.

Der Kiosk, der in den Frühlingsanlagen, einem Park in der Au, liegt, ist ein beliebter Treffpunkt. Das Publikum ist bunt gemischt, darunter sind viele Studenten und Junggebliebene, die meisten Stammkunden. Die Betreiber Gundolf und Cornelia Straub haben das Standl im Jahr 2000 gekauft und renoviert. Angeboten werden einige wenige Speisen, die Currywurst mit Pommes ist das Highlight. Dass es neben Augustiner auch Tilmans-Biere der gleichnamigen, 2014 gegründeten Münchner Brauerei gibt, kommt sehr gut an. Ergänzt wird die alkoholische Auswahl durch Cocktails und Wein(schorlen). Limonaden, Kaffee und Kuchen gibt es natürlich auch.

Genau gegenüber dem Isarwahn, am Schyrenplatz, befindet sich übrigens ein weiterer Kiosk (derzeit geschlossen), den es seit 1848 gibt und der als der älteste Münchens gilt. Überhaupt ist die Kiosk-Dichte an der Isar für Münchner Verhältnisse sehr hoch. An der ein Kilometer oberhalb liegenden Reichenbachbrücke steht der frequentierteste Kiosk der Stadt, der nur von 5 bis 6 Uhr morgens geschlossen ist. Neben 300 Biersorten gibt es eine gewaltige Vielfalt an fast allem. An der Isar Richtung Süden folgen bis zur Großhesseloher Brücke noch weitere Standl, perfekte Zwischenstopps auf einem Spaziergang oder einer Radtour.

Adresse Wittelsbacherbrücke, 81543 München-Au, Tel. 089/30640268 | MVV Bus 58, 68, Haltestelle Baldeplatz oder Claude-Lorrain-Straße | Öffnungszeiten Mo–Fr 14–21 Uhr, Sa, So 12–21 Uhr | Tipp Wer sich weiter am Isarufer aufhalten möchte, kann bis zum nächsten, circa einen Kilometer entfernten legendären Stehkiosk von Christa Fingerle an der Braunauer Eisenbahnbrücke schlendern.

51 Kiosk Minigolf Erding

Essen, trinken, golfen – eine unschlagbare Kombi

Von Weitem sieht das Ganze aus wie ein Kiosk mit Biergarten. Steht man davor, sieht man, dass es eine Minigolfanlage mit einem integrierten, aber unabhängig nutzbaren Biergarten ist. Gleich im Eingangsbereich befinden sich zahlreiche Gartentische mit Stühlen in der Sonne und unter roten Sonnenschirmen mit Blick auf den See. Wer nach einem Übermaß an Sonne viel Schatten braucht, setzt sich unter die Holzveranda. Es ist viel los in der Mittagszeit, aber das Angebot und die Auswahl an Plätzen ist groß. Einige Gäste haben es sich mit ihrem Cappuccino oder Bier in einem der Liegestühle am Rand bequem gemacht.

In dem weitläufigen Terrain, das leicht erhöht oberhalb der südlichen Liegewiesen des Kronthaler Weihers liegt, stehen weitere Biertische und -bänke, mehrere direkt auf der grünen Wiese zwischen den Minigolfbahnen. Diese zwanglose Kombination ist es, die den Platz so liebenswert macht. Neben den Minigolfbahnen, die in einem gepflegten Zustand sind, gibt es auch Pit-Pat-Tische. Wer das Bücken vermeiden will, spielt diesen 1984 erfundenen Freizeitsport, eine Mischung aus Minigolf und Billard. Das Angebot am Kiosk umfasst kleine Speisen, wie sie an einem guten Imbiss üblich sind. Unter den Getränken sind auch mehrere Cocktails.

Es ist ein Ort mit viel Ambiente und Urlaubsfeeling, mitten in einem der schönsten Naherholungsgebiete nördlich von München. Das Gelände rund um den Kronthaler Weiher, dem größten Badesee im Landkreis Erding, wurde ab 2015 komplett saniert und erweitert. Das Ergebnis kann sich sehen lassen. Neben den schönen Liegewiesen und Stränden gibt es insgesamt drei Kioske, mehrere frei zugängliche Sportplätze für Beachvolleyball, -handball und -soccer, Bocciabahnen, Trampolin, Calisthenics-Anlagen für Krafttraining, Abenteuerspielplätze und eine künstliche Insel, die über eine Hängebrücke erreichbar ist.

Adresse An der Melkstatt 13, 85435 Erding, Tel. 08122/959415 | MVV S2, Haltestelle Erding Bahnhof, von dort Bus 580 bis Haltestelle Kronthaler Weiher oder Bus 530, 540 bis Haltestelle Ganghofer Straße | Öffnungszeiten Mitte März–Ende Okt. (nur bei schönem Wetter) Mo–Fr 14–21 Uhr, Sa, So 13–21 Uhr, bei Badewetter ab 12 Uhr, aktuelle Schließzeiten variieren nach Jahreszeit | Ausstattung großer Parkplatz (gebührenpflichtig) | Tipp Der Aufenthalt am Kronthaler Weiher lässt sich vom Bahnhof aus gut mit einem Spaziergang durch die historische Altstadt von Erding verknüpfen.

52 Kiosk Notzinger Weiher

Ein Naturparadies im Erdinger Moos

Es sei der schönste Badeweiher Bayerns, wenn nicht sogar ganz Deutschlands, soll Heinrich Link über den Ort, an dem er 1971 den heutigen Kiosk erbaute, gesagt haben. Der Notzinger Weiher entstand 1923 als Baggersee im Zuge der Kiesgewinnung für den Bau des Mittleren Isarkanals. Der kleine Notzinger Weiher mit seinen eingewachsenen Liegewiesen und dem variantenreichen Baumbestand ist tatsächlich bildschön. Er ist mit einem Nichtschwimmerbereich, den Spielplätzen und einem interessanten Naturlehrpfad auch bei Familien sehr beliebt. Der Kiosk mit Biergarten liegt an seiner östlichen Spitze, von hier aus hat man einen traumhaften Blick auf den See. Ein Ort, an dem man leicht zur Ruhe kommt und gern länger bleibt. Kein Wunder, dass sogar Münchner den weiten Weg auf sich nehmen und zu den Stammgästen zählen.

Seit Mai 2023 hat der Kiosk einen neuen Betreiber, denn Heinrich Link, der den Kiosk 50 Jahre lang führte, ist Anfang 2022 unerwartet verstorben. Koco Klinger heißt der neue Chef, der viel Kiosk- und Gastronomieerfahrung mitbringt. Ein aufmerksamer Gesprächspartner, der anekdotenreich und lebendig erzählen kann und mit Leidenschaft bei der Sache ist.

»Kiosk ist Kult« steht mit bunter Kreide auf einer der Tafeln, auf denen die Speisen und Getränke notiert sind. Die Soße, die es zu seiner Currywurst gibt, basiert auf einem Geheimrezept, das er dem Erfinder entlockte. Die Pommes sind perfekt frittiert. Das Fleisch bezieht er von einem befreundeten Metzger aus der Region. Neben klassischen Hauptgerichten bietet Klinger, Sohn eines Griechen und einer Kroatin, auch Cevapcici an, die sehr schmackhaft angerichtet sind. Die preiswerten Gerichte sind auf Wunsch auch in einer kleinen Portion zu haben. Wie es sich für einen richtigen Kiosk gehört, gibt es zwei große Sichtkühlschränke mit einer reichhaltigen Auswahl an Getränken, darunter verschiedene Bier- und Weinsorten.

Adresse Notzinger Weiher Straße, 85445 Oberding, Tel. 0163/6347943 | MVV S2, Haltestelle Erding Bahnhof, dann Bus 512, 515 nach Notzing, von dort circa 20 Minuten zu Fuß zum Weiher | Öffnungszeiten April–Sept. bei schönem Wetter täglich 12–20 Uhr | Ausstattung großer Parkplatz | Tipp Das flache Erdinger Moos eignet sich hervorragend für entspannte Radtouren.

53 Kleine Villa Flora

Die kleine Schwester

Die Kleingartenanlage SW 82 »Villa Flora« entstand 1916 und gehört damit zu den ältesten Münchens. Sie liegt südwestlich der nur 100 Meter entfernten, im 19. Jahrhundert erbauten und denkmalgeschützten Villa Flora an der Hansastraße, in der 1890 eine Gaststätte eröffnete, die rasch ein beliebtes Ausflugsziel der Münchner wurde. Daher der Name des Kleingartenvereins. Um sich von der Gaststätte an der Hansastraße abzugrenzen, wurde das Kleingartenlokal »Kleine Villa Flora« genannt.

Das Lokal liegt etwas versteckt, beim ersten Besuch verläuft man sich leicht. Man erreicht es über einen schmalen Weg von der Garmischer Straße oder über die Tübinger Straße, wo ein nicht zu übersehendes Schild an der Straße auf das Lokal hinweist. Nach wenigen Minuten befindet man sich vor der lang gestreckten, in Schwedenrot gestrichenen Holzhütte, vor der sich auf Kies und grüner Wiese, von Hecken umsäumt, etwa 150 Plätze verteilen. In der Mitte des Gartens steht ein riesiger Walnussbaum, dessen Blätterdach für angenehmen Schatten sorgt. Ein gepflegter, atmosphärischer Garten, der zur Mittagszeit gern von Anwohnern und Angestellten der angrenzenden Büros frequentiert wird, auch von Touristen der nahen Hotels. Viele Gäste kommen aus den umliegenden Kleingartenanlagen.

Seit 2021 wird die »Kleine Villa Flora« von Frank Wick und Stephanie Friedrich geleitet, die sich ganz auf die bayerische Küche und auf traditionelle Gerichte konzentrieren. Besonders gefragt und geschätzt sind das perfekt panierte Schnitzel Wiener Art mit Pommes und Salat, das Cordon bleu, das Holzfällersteak mit Bratkartoffeln und die Käsespätzle mit Röstzwiebeln. Der große Salat mit Putenbrust oder Thunfisch ist für eine Person kaum zu schaffen. Wechselnde Tagesgerichte finden sich auf den aufgehängten Kreidetafeln. Die günstigen Gerichte sind einfach, aber von feiner Qualität, man schmeckt die wertigen Zutaten.

Adresse Kleingartenanlage SW 82 »Villa Flora«, Tübinger Straße 19, 80686 München-Sendling-Westpark, Tel. 089/68979191 | **MVV** S4, S6, S7, Haltestelle Heimeranplatz; U4, U5, Haltestelle Heimeranplatz oder Westendstraße; Bus 130, 157, Haltestelle Heimeranplatz Süd | **Öffnungszeiten** So–Fr 11–22 Uhr, im Winter bis Ende März geschlossen | **Ausstattung** Spielplatz auf grüner Wiese | **Tipp** Die unendliche Treppe von Ólafur Elíasson kann man im Innenhof eines Bürogebäudes in der Ganghoferstraße 29a im Westend besichtigen.

54 Königin 43

Mit Blick auf den Englischen Garten

Von außen sieht es vornehm, elegant und teuer aus, bestärkt wird dieser Eindruck durch die kleine Warteschlange am Eingang zur grün umsäumten Gartenterrasse. Natürlich trägt auch der Name dazu bei. Die Betreiber, die Brüder Barry und Avni Berisha, denen mehrere Cafés in München gehören, haben ihre Lokale anfangs häufig nach den Straßennamen benannt. Der Name hat also einen ganz profanen Grund. Denn wir befinden uns in der Königinstraße 43.

Betritt man den Innenraum, ist man erstaunt, wie gemütlich und gesellig es hier zugeht, das Publikum ist bunt gemischt, darunter Studenten, Senioren und Touristen. Die Universität liegt ganz in der Nähe, und von der erhöhten Terrasse des Cafés hat man einen herrlichen Blick auf den Englischen Garten. Im Innenraum mit den großen Rundbogenfenstern, der in dunklem Holz gefassten Bar, den farbigen Tapeten und Spiegeln findet sich eine Vielfalt an Stühlen, Sesseln und Sofas, größeren und kleineren Tischen. Die Designer-Hängelampen und Kronleuchter, die aus gefüllten Campariflaschen bestehen, verströmen ein warmes rötlich-orangenes Licht.

Ein Ambiente, in dem man gern länger verweilt, sei es nur zu einem Kaffee mit einem hausgemachten Kuchen, einem der beliebten frisch gepressten Säfte (»Barry's Mix«) oder einem ausgiebigeren Essen zu fairen Preisen. Die schön angerichteten Teller mit einer Vielzahl an Frühstücksvarianten und Mittagsgerichten sehen nicht nur gesund, sondern auch sehr appetitanregend aus. Bio-Rührei mit Zutaten gibt es in unzähligen Variationen. Besonders beliebt sind das »43er Frühstück« mit Melone, Avocado und Müsli sowie das Avocado-Brot mit Zucchini-Spaghetti, Roter-Bete-Meerrettich-Creme, Spiegelei und Rucola. Ein weiteres Highlight sind die Bowls, die aus einer ansprechenden Auswahl an Zutaten individuell zusammengestellt werden können.

An Wochenenden ist es sinnvoll, vorher zu reservieren.

Adresse Königinstraße 43, 80539 München-Schwabing, Tel. 089/331262, www.barer61.de/koenigin43 | **MVV** U3, U6, Haltestelle Universität | **Öffnungszeiten** Di–So 9–17 Uhr | **Tipp** »Der verrückte Eismacher« in der Amalienstraße 77 ist eine der beliebtesten Eisdielen Münchens. Der in Italien ausgebildete Eigentümer Matthias Münz bietet auch Kurse im Eisherstellen an – für Kinder und Erwachsene.

55 Konsum Kiosk

Urlaubsstimmung an der Isar

Der Kiosk an der Großhesseloher Brücke ist ein beliebter Anlaufpunkt für einen Zwischenstopp auf dem Isarweg. Vor allem Radfahrer, aber auch viele Spaziergänger legen hier gern eine Pause ein. Kein Wunder bei dem einzigartigen Ambiente mit Blick auf die 42 Meter hohe Brücke, die Großhesselohe mit Harlaching verbindet, die gelegentlich hoch oben vorbeifahrenden Züge und die Isar mit den im Sommer vorbeitreibenden Flößen.

Die heutigen Betreiber – Julian Göttlicher und seine Partner Georg Wacker und Stefan Alof –, die den Kiosk 2021 kauften, haben das Potenzial des Ortes erkannt. Der Kiosk erstrahlt nun in Weiß, bedeckt mit einem Strohdach und erweitert durch einen kleinen Unterstand, an dem Halloumi mit Gemüse und Bratwurst (vom Metzger Bauch) gegrillt wird. Die Anzahl der Sitzgelegenheiten wurde erhöht und durch eine Armada von Liegestühlen ergänzt. Die räumliche Ausdehnung des Biergarten reicht nun weit hinein in die leere Schneise des Waldes. Es wurde nur wenig verändert, große bauliche Veränderungen sind aufgrund der Lage in einem Landschaftsschutzgebiet nicht erlaubt. Doch der Effekt ist da, die Anlage wirkt sehr gepflegt und aufgeräumt, das Image geht weg vom schlichten Trink-Kiosk hin zum geselligen Treffpunkt, der für ein bunt gemischtes Publikum und auch für Familien interessant ist. Über den normalen Betrieb hinaus lässt sich der Ort auch für private Feiern oder andere Events buchen. Platz ist genug.

Zusätzlich zu Gegrilltem, Wiener-Semmeln und Brezen gibt es frischen Blechkuchen und spezielle Eissorten. Zudem wird das Angebot gelegentlich erweitert, etwa durch den mobilen Pizzaofen von Salievito oder den für den Winter geplanten Weihnachtsmarkt mit weiteren Food-Ständen.

Ganz in der Nähe des Konsum Kiosks liegt die Waldwirtschaft mit Jazzbiergarten, die man über den Isarweg oder über den noch schöneren Waldweg in der Höhe zu Fuß in nur 20 Minuten erreicht.

Adresse An der Isar, 82049 Pullach im Isartal | **MVV** S7, Haltestelle Großhesselohe Isartalbahnhof, von dort 15 Fußminuten zum Kiosk | **Öffnungszeiten** Fr 12–18.30 Uhr, Sa, So 11–20 Uhr; Kartenzahlung möglich | **Tipp** Das Restaurant Break des Großhesseloher Tennisclubs hat nicht nur eine schöne Terrasse, sondern auch sehr gute Pizza zu einem günstigen Preis. Zum Lokal gelangt man zu Fuß über den Höllerer Berg hinauf in zehn Minuten.

56 Krüner Kiosk

Mehr als nur ein Nachbarschaftstreff

»Mein kleiner Krüner Kiosk« steht in gelben Lettern an der grünen Außenwand des Anbaus, hier hat jemand viel Herzblut reingesteckt. Der dunkelgrün gestrichene Kiosk ist bis ins Detail durchdacht, sowohl was die bauliche Umgestaltung als auch das inhaltliche Konzept betrifft.

Tobias Bauer, der junge, gastroerfahrene Betreiber, trug die Idee, einen Kiosk zu eröffnen, schon lange mit sich herum. Als während der Pandemie die Aufträge für sein Catering-Geschäft ausblieben, verwirklichte er seinen Traum. Nach aufwendiger monatelanger Renovierung des schon seit den 1960er Jahren bestehenden Standls hat er seit September 2021 geöffnet.

Wer am offenen Fenster des Kiosks steht, blickt erstaunt auf die eher untypische lange Küchenzeile im Innenraum. In der Tat bietet Tobias nicht die übliche Kiosk-Kost an. Jede Woche erscheint eine neue Mittagskarte, jeden Tag ab 11.30 Uhr gibt es ein warmes Gericht, an einigen Tagen mit Fleisch oder als vegane oder vegetarische Version, etwa »Scharfes gelbes Curry mit viel buntem Gemüse, Kokosmilch und Basmatireis« oder »Beef Teriyaki mit Brokkoli, Radicchio und Reisnudeln«, in der veganen Version mit Räuchertofu statt Beef. Der Freitag ist für die Currywurst mit hausgemachter Soße reserviert. An Wochenenden und Feiertagen sind die Weißwürste dran. Bratwurst und Grillgemüse-Wraps gibt es täglich. Ergänzt wird das Angebot durch Waffeln nach Mutters Rezept und ein Bioeis aus der Region Dachau. Der Kaffee kommt aus einer Rösterei in der Nähe von Nürnberg.

Genießen kann man das alles in dem gemütlichen kleinen Garten mit etwa 30 Sitzplätzen unter grünen Sonnenschirmen von Giesinger Bräu, das hier in mehreren Sorten neben anderen Bieren, ausgesuchten offenen Weinen, Limonaden und frisch gepressten Säften verkauft wird. Der Kiosk am Krünen Platz, einem kleinen Park mitten im Sendlinger Wohnviertel, ist mehr als nur ein beliebter Nachbarschaftstreff.

Adresse Ehrwalder Straße 30, 81377 München-Sendling-Westpark | MVV U6, Haltestelle Westpark | Öffnungszeiten Mo–Mi, Fr 7–20 Uhr, Do 7–21 Uhr, Sa, So 10–20 Uhr | Tipp Der winzige AndeLong Asia Imbiss in der Ossingerstraße 2 ist mit dem Fahrrad nur fünf Minuten entfernt und bietet authentische chinesische Küche.

57 Land in Sonne 1

In einer der größten Kleingartenanlagen Bayerns

Wer den Garten des beliebten Kleingartenlokals Land in Sonne 1 betritt, fühlt sich beim Anblick des Gasthauses mit dem grünen Rasen und den darauf positionierten Tischen und Stühlen zurückversetzt in die 1970er Jahre. Und in der Tat wurde dieses Vereinsheim, in dem der Vorstand des Kleingartenvereins Land in Sonne SW 09 auch sein Büro hat, 1971 erbaut. Mit 535 Parzellen zählt der Verein zu den größten bayerischen Kleingartenanlagen. Zu Fuß nur fünf Minuten entfernt befindet sich der Audi Dome, der für die Olympischen Sommerspiele 1972 erbaut wurde und in dem heute die Basketballmannschaft des FC Bayern München spielt.

Das Gartenlokal hat seit August 2022 zwei neue Pächter, die beide Köche sind, einer von ihnen hat früher schon eine Zeit lang hier in der Küche gearbeitet. Statt Volksmusik kommt nun Reggae aus den Lautsprecherboxen im Garten. Die Musik lenkt ab vom Lärm der nahen Bundesstraße, der aber in diesem idyllischen Garten eh nicht sonderlich stört. Das ausreichend Schatten spendende Blätterdach der Kastanien, Linden und Ahornbäume erzeugt gerade in der Mittagssonne ein schönes Lichtspiel. Die Speisekarte hat sich, was die Auswahl der kleinen und größeren Gerichte aus der bayerischen Küche angeht, kaum verändert. Es stehen weiterhin die altbewährten Klassiker auf der Karte. Doch es weht ein neuer, frischer Wind. Täglich wechselnde Gerichte ergänzen das Angebot, heute sind das Babybackribs, Salat mit Ziegenkäse und Argentinisches Rinderlendensteak. Die Gäste loben die hohe Qualität des Essens und das sehr gute Preis-Leistungs-Verhältnis.

Im anderen Teil derselben Kleingartenanlage, die durch die Bundesstraße 2 geteilt ist, befindet sich fünf Minuten entfernt ein weiteres Kleingartenlokal mit dem treffenden Namen Land in Sonne 2 mit kroatischer Küche. Angeboten werden unter anderem Grillplatten für zwei bis zehn Personen, am Wochenende gibt es Spanferkel vom Grill.

Adresse Kleingartenanlage Land in Sonne SW 09 e. V., Siegenburger Straße 58, 80686 München-Sendling-Westpark, Tel. 089/571567, www.landinsonne-muenchen.de | **MVV** Tram 18, Haltestelle Fachnerstraße, von dort zu Fuß über die Siegenburger Straße | **Öffnungszeiten** Di–Sa 11–20 Uhr, So 10–20 Uhr; keine Kartenzahlung | **Ausstattung** im Gasthaus Kegelbahn, Parkplätze vor dem Lokal | **Tipp** Im WOK-IN, einem winzigen Imbiss in der Ridlerstraße 40 (Nähe Heimeranplatz), kann man werktags zwischen 11 und 14.30 Uhr sehr günstig asiatisch essen.

58 Lochhamer's

Ideal bei hochsommerlichen Temperaturen

Ein schattiges, kühles Fleckchen direkt an der Würm findet man im Sommer im Biergarten des Lochhamer's in Gräfelfing. Ein Besuch des Lokals lässt sich wunderbar verknüpfen mit einer Radtour durch den Pasinger Stadtpark, den »kleinen Bruder des Englischen Gartens« – immer an der Würm entlang. Oder mit einem vorherigen Sonnenbad auf der zu Fuß in fünf Minuten zu erreichenden südlichen Liegewiese.

An der laut plätschernden, rasch dahinfließenden Würm sitzt man im Lochhamer's in Sichtweite eines alten Mühlrades mitten in der Natur. Trotz der hohen Kastanienbäume gibt es auch sonnige Plätze. Das Biergartenmobiliar ist schon etwas in die Jahre gekommen, was wohl der feuchten, schattigen Umgebung geschuldet ist, aber das Ambiente sucht seinesgleichen.

An der Selbstbedienungstheke gibt es die ganze Palette an typisch bayerischen Biergartengerichten. Spareribs, Schweinebraten und und andere Speisen werden mittags zu günstigeren Preisen angeboten. Am Wochenende wird manchmal auch Steckerlfisch gegrillt. Dazu gibt es Tegernseer vom Fass. Wie in den meisten bayerischen Biergärten ist es auch hier erlaubt, sich das eigene Essen gemäß der Tradition selbst mitzubringen.

Das Besondere am Lochhamer's ist aber die Kombination mit mexikanischer Küche im El Diablo, der zum Biergartengelände gehörenden mexikanischen Cantina und Bar, die im Wirtshaus untergebracht ist und noch einen bedienten Teil des Biergartens umfasst. Das Angebot an mexikanischen Gerichten ist umfangreich und beinhaltet alles von Chili con Carne, Fajitas und Quesadillas bis hin zu Tacos und auf »mexikanische Art« zubereitete Burger, die es in zwei verschiedenen Größen gibt. Abends wird das Ganze für Cocktail-Liebhaber durch eine Happy Hour ergänzt. Die sehr günstige Mittagskarte des El Diablo passt sich ganz dem Biergartenambiente an und enthält vorwiegend bayerische Kost.

Adresse Lochhamer Straße 4, 82166 Gräfelfing, Tel. 089/85484651, www.lochhamers.de | MVV Bus 160, Haltestelle Lochham, Am Kirchenhölzl; S6, Haltestelle Lochham, von dort 20 Minuten Fußweg | Öffnungszeiten täglich 10–24 Uhr, Biergarten nur bei schönem Wetter | Ausstattung Kinderspielplatz innerhalb des Gartens | Tipp Alle zwei Jahre findet im Juli das mehrtägige Kulturfestival Gräfelfing im 100 Meter entfernten Paul-Diehl-Park an der Würm statt. Die Konzerte der über 20 Bands sind kostenlos.

59__Maui

Hawasian Kitchen

Der Rotkreuzplatz in Neuhausen ist nicht nur bei Anwohnern ein beliebter Treffpunkt und Erholungsort. Gemächlich und entspannt geht es hier zu. Da stört auch die trubelige Kreuzung nicht. Jeden Donnerstag findet ein Wochenmarkt statt. Es gibt zahlreiche Cafés, Imbisse und Lokale in der unmittelbaren Umgebung. 2019 ist ein hawaiianisches Restaurant hinzugekommen. Das Maui liegt direkt an der Nymphenburger Straße/Ecke Blutenburgstraße und ist von einer Außenterrasse umgeben.

Die vietnamesische Inhaberin Mai Duong und ihr Mann Tien Nguyen haben auf Hawaii gelebt und bieten eine Fusion aus vietnamesischen und hawaiianischen Spezialitäten, die sie »Hawasian Kitchen« nennen. Neben einer Speisekarte, die am Abend zum Einsatz kommt, gibt es eine sehr günstige Mittagskarte, aus der man beim ersten Lesen nicht sofort schlau wird, so durchdacht ist das Konzept und so beeindruckend umfangreich die Auswahl.

Wir entscheiden uns für die Aloha Salmon Bowl, eine Poke Bowl, *das* Nationalgericht Hawaiis. Poke (ausgesprochen Poh-kei) ist Hawaiianisch und bedeutet so viel wie »klein schneiden«. Marinierter roher Lachs ist mit sieben Gemüsesorten (darunter Lauchzwiebeln, Takuan-Rettich und Seetang) sowie Avocado und Sesamsamen gemischt, garniert mit einer fruchtigen Ponzu-Soße. Zusammen mit dem warmen Reis am Boden der Schale ein sehr leichtes, köstliches Gericht. Die Poke Bowl gibt es auch mit Thunfisch, Garnelen oder Tofu.

Alle Mittagsgerichte auf der Karte können übrigens auch als preiswerte Lunchbox kombiniert werden – mit Suppe, Salat und Frühlingsrolle beziehungsweise Shrimp Tempura. Zudem gibt es noch drei Menüs zur Auswahl. Nicht schlecht für eine Mittagskarte, doch wer das unter den Gästen besonders beliebte Huli Huli Chicken oder eine der gemischten Vorspeisenplatten probieren möchte, muss am Abend kommen und unbedingt vorher reservieren.

Adresse Nymphenburger Straße 151, 80634 München, Tel. 089/18923188, www.maui-restaurant.de | MVV U1, U7, Tram 12, Bus 53, 62, 144, Haltestelle Rotkreuzplatz; Bus 53, 63, 153, Haltestelle Landshuter Allee | Öffnungszeiten Mo–Fr 11.30–14.30 und 17.30–23 Uhr, Sa und Feiertage 17.30–23 Uhr | Tipp Das Da Piccolo ist ein winziges Café mit einem sehr guten Espresso und hausgemachten Kuchen. Draußen, direkt an der Nymphenburger Straße 174, sind die Sitzplätze begehrt.

60__Milchhäusl

Alles bio

Viele trauten ihren Augen kaum, als das zehn Tonnen schwere Milchhäusl im Oktober 2022 abhob und ein Stück weit davonschwebte. Wenige Monate später befand es sich wieder an seinem ursprünglichen Standort, unterkellert und mit neuem Holzdach versehen.

Die Historie des Kult-Kiosks direkt am Eingang zum Englischen Garten reicht zurück bis ins Jahr 1896. Zuerst war das Gebäude ein Geräteschuppen für Pferdestallungen. Kurz nach dem Zweiten Weltkrieg wurde es dann zum Verkaufstandl für Milch, Brot und andere Grundnahrungsmittel. Danach wurde es zum gewöhnlichen Kiosk, der 2003 nach einer Komplettsanierung seine heutige Bestimmung fand. Damals war er der erste Bio-Imbiss Münchens und als solcher für viele noch gewöhnungsbedürftig. Heute sind es allenfalls noch die Namen der Speisen, die manche, insbesondere Nichtbayern, irritieren: »Fingerhakler« sind Röstbratwürstel im Krusterl. »Resi« nennt sich der aus den Hermannsdorfer Landwerkstätten stammende Leberkäse. »Wolpi« heißen die roten und weißen Bratwürste. Alles gibt's als Tellerportion mit Kraut- und Kartoffelsalat oder im Krusterl. Vegetarische Gerichte sind auch im Angebot, zum Beispiel handgekneteter bayerischer Käse oder Kaspressknödel.

Sogar die Getränke sind überwiegend Bio-Produkte. So kommt die Milch frisch aus den Eutern von Carmen und Eva, zwei glücklichen Kühen der Hofmolkerei Zierer. Axel Bansemir, seit über 20 Jahren Pächter und Wirt des Milchhäusls, kennt die Tiere höchstpersönlich. Und neben dem normalen Hofbräu-Bier kann man unter anderem auch selbst gemischte Ökosaftschorlen und Bio-Prosecco trinken.

Besser könnte die Lage nicht sein, hier an einem der meistfrequentierten Eingänge zum Englischen Garten nahe der LMU. Entsprechend bunt gemischt ist das Publikum, das Platz nimmt an Cafétischen, Bierbänken, in Hängematten, auf Baumstämmen an einer Feuerstelle und im Winter zusätzlich in beheizten Kabinen der Zugspitzbahn.

Adresse Königinstraße 6, 80539 München-Schwabing, Tel. 089/45248430, www.milchhaeusl.bio | MVV U3, U6, Haltestelle Universität | Öffnungszeiten täglich 10–22 Uhr; keine Kartenzahlung | Ausstattung großer angrenzender Spielplatz | Tipp Der Monopteros im Englischen Garten ist eines der bekanntesten Fotomotive Münchens. Doch viele Einwohner Münchens haben den 1833 bis 1837 auf einer Anhöhe errichteten Tempel noch nie betreten. Vom Milchhäusl aus sind es etwa zehn Minuten dorthin.

61 Mini-Hofbräuhaus

Nicht nur Hunde fühlen sich hier wohl

Abseits der touristischen Hochburgen des Englischen Gartens liegt das Mini-Hofbräuhaus wunderschön in einem entlegenen Winkel des Parks, keinerlei Straßenlärm ist hier zu hören. Nicht viele Spaziergänger und Radfahrer sind an dieser Stelle unterwegs. Aber das Mini-Hofbräu (Mini-HB) ist immer gut besucht. Das Publikum besteht vor allem aus Stammgästen. Auch Studenten finden den Weg dorthin, die Studentenstadt ist nicht weit. Unter den Stammgästen sind viele Hundebesitzer mit ihren Vierbeinern. Das Mini-HB ist ein weithin bekannter Kulttreff für Hundehalter.

Schon seit über 25 Jahren wird das Mini-HB, das aus einem Kiosk mit kleinem Biergarten besteht, von Michael Geyer geführt. Es hat jeden Tag des Jahres geöffnet, und zwar schon ab 8 Uhr morgens. Im Winter verwandelt sich ein Teil des Gartens in ein gemütliches, beheiztes Zelt. Gesellig und entspannt geht es hier das ganze Jahr zu. Dazu tragen auch die solide bayerische Hausmannskost und die günstigen Preise der üppigen Portionen bei. Die Auswahl ist groß und umfasst alles, was man von einer typisch bayerischen Gaststätte erwartet. Beliebt sind unter anderem der Schweinebraten, die Schinkennudeln, das Bauernfrühstück mit Spiegeleiern oder die Spareribs. Es werden auch mehrere vegetarische Gerichte angeboten. Und dazu gibt es passend zum Namen des Lokals gezapftes Hofbräu(bier). Ausgerufen werden die fertigen Speisen mitunter auf Bairisch.

Auch Sonderwünsche werden gern erfüllt. Zwei Männer vom Küchenpersonal tragen auf Wunsch einer Kundin Bierbänke an eine Stelle am Garteneingang. Hier herrscht eine unaufgeregte, positive Atmosphäre. Und die schöne Umgebung des wilden Parks trägt dazu bci.

Viele Wege führen zum Mini-HB, aber man kann sich leicht verlaufen. Eine Möglichkeit: Bis zum Ende der den Englischen Garten durchquerenden Gyßlingstraße gehen, dort weist ein Schild nach links zum 200 Meter entfernten Hofbräuhaus.

Adresse Gyßlingstraße, 80805 München-Schwabing-Freimann, Tel. 089/36100880 | **MVV** U6, Haltestelle Dietlindenstraße oder Nordfriedhof; Bus 50, Haltestelle Amsterdamer Straße | **Öffnungszeiten** ganzjährig täglich 8–22 Uhr | **Tipp** Das Tivioli-Kraftwerk am Eisbach nahe der Gyslingstraße ist ein Relikt der Lokomotivenfabrik Maffei. Das 1896 errichtete, heute denkmalgeschützte Kraftwerk mit seinen schönen Blankziegelbauten passt sich idyllisch in die grüne Umgebung des Eisbachs ein.

62 Munich Beach Resort

Urlaubsgefühle am Regattasee

Die Beach Bar lebt von der Umgebung. Von hier oben blickt man direkt auf die Regattastrecke Oberschleißheim, die eigens für die Olympischen Spiele 1972 angelegt wurde. Noch heute wird die Strecke von Kanuten und Ruderern genutzt, und Wettbewerbe finden nach wie vor statt. In einem kleinen abgegrenzten Bereich mit Uferwiese und Stegen ist auch das Baden erlaubt. Und für Menschen, die gern flache Strecken geradeaus gehen, ist die über zwei Kilometer lange Regattastrecke ein Traum.

Die Beach Bar befindet sich neben der Zuschauertribüne und besteht aus zwei holzverkleideten Ständen mit offenen Verkaufsfenstern, davor ist ein großer Bereich mit weißem Sand aufgeschüttet. Hier machen es sich die Besucher auf Liegestühlen unter Sonnensegeln bequem. Daneben gibt es noch zwei davon abgetrennte Bereiche mit Holzbänken und -tischen. Aus den Lautsprechern kommt chillige Musik. Ein Ambiente, das zusammen mit dem weiten Blick auf die gleichmäßig gestaltete Landschaft und die nicht alltägliche Umgebung Urlaubsfeeling garantiert. Wer in der Sommerhitze zwischenzeitlich Kühlung braucht, setzt sich auf die überdachte Zuschauertribüne. Die Beach Bar ist auch ein idealer Ort, um den Sonnenuntergang zu genießen.

Die umfangreiche Getränkeauswahl umfasst unter anderem Cocktails, Wein und Flaschenbier (Tegernseer, Wildbräu, Remonte), selbst »Party Specials« werden angeboten. Das Fass Bier gibt es allerdings nur auf Vorbestellung.

Die Anzahl der Speisen ist überschaubar: Zubereitet werden mehrere interessante Sandwiches und Salate, unter anderem mit Ochsenfetzen, Hühnchen, Ziegenkäse oder Grillgemüse, zudem drei Burger, darunter ein vegetarischer – allerdings kosten die beliebten hausgemachten Pommes, die es auch als Süßkartoffelfritten gibt, extra.

Nur wenige Minuten entfernt von der Beach Bar lohnt der Regattaparksee, ein ruhiger Badesee, noch einen Abstecher.

Adresse Dachauer Straße 35, 85764 Oberschleißheim, Tel. 089/3155723, www.mbr.bayern | MVV S1, Haltestelle Bahnhof Oberschleißheim, von dort Bus 291 (nur Mo–Fr) bis Haltestelle Oberschleißheim Regattaanlage | Öffnungszeiten April–Okt. Mo–Fr 15–21 Uhr, Sa, So 11–21 Uhr | Ausstattung sehr großer Parkplatz (gebührenpflichtig) | Tipp Das beliebte Lokal »Zum Phönix – Trattoria Pizzeria Da Luigi« liegt in der Effnerstraße 20 nahe der Schlossanlage in Oberschleißheim.

63 Nini Café Borstei

In einer anderen Welt

Das Nini Café liegt versteckt in einem Innenhof der historischen Wohnanlage Borstei in Moosach. Wer durch den Torbogen an der stark frequentierten Dachauer Straße geht, findet sich in einer anderen Welt wieder. Es ist völlig ruhig. In der Mitte des Innenhofes befindet sich ein Park mit Springbrunnen und Skulpturen. Man läuft an einer in den Wohnkomplex integrierten Ladenzeile mit Bäckerei, Metzgerei, Apotheke, Post, Feinkostgeschäft und einer Bar vorbei, wunderschöne kleine Läden, von deren Existenz man zuvor nichts wusste. Es wirkt alles ein wenig wie aus der Zeit gefallen. Schräg gegenüber ist das Nini Café mit einem hellen, gemütlichen Innenbereich und einem herrlichen Terrassengarten, der sich bis ins Grün des Parks erstreckt.

Die von den Gästen hochgeschätzten Kuchen und Torten stammen aus eigener Herstellung, dem Café ist eine Backstube angegliedert. Man kann hineinsehen, wenn man sich an der Vitrine den Kuchen aussucht. Geleitet wird das Café seit vier Jahren von Sabrina Peter, genannt Nini, sie ist Konditormeisterin und war zuvor bei Dallmayr und in der Lokalbäckerei »Brotzeit« tätig. Neben den Backwaren bietet sie auch ein paar günstige, täglich wechselnde Mittagsgerichte wie Quiche, Fleischpflanzerl mit Kartoffelstampf und Ofengemüse mit Salat an, die ebenfalls großen Anklang finden.

Nach dem Cafébesuch empfiehlt sich ein Spaziergang durch das weitläufige Gelände der Borstei, die aus 77 Wohnhäusern besteht, welche insgesamt sieben Höfe umschließen und mit Torbögen und Durchgängen verbunden sind. Die Siedlung entstand in den Jahren 1924 bis 1929, ihr Erbauer war der Architekt Bernhard Borst, der damit »das Schöne des Einfamilienhauses mit dem Praktischen einer Etagenwohnung zu verbinden« suchte. Die großzügigen Gärten sind Refugien, in denen auch botanische Exoten wachsen, geschmückt mit neun Brunnen und über 50 Statuen und Fresken.

Adresse Franz-Marc-Straße 9, 80637 München-Moosach, Tel. 089/92288111 | MVV U1, U7, Haltestelle Westfriedhof; Bus 151, 164, 165, 180, Haltestelle Westfriedhof; Tram 20, 21, Haltestelle Borstei | Öffnungszeiten Mi–Mo 11–18 Uhr | Tipp In der Münchner Bücherkiste (Hanauer Straße 85a), einem Secondhand-Buchladen gegenüber vom Olympia-Einkaufszentrum, kann man hochwertige Bücher zu sehr kleinen Preisen kaufen.

64 Olympia-Alm

Münchens höchstgelegener Biergarten

Der 564 Meter hohe Berg, auf dem sich die Olympia-Alm befindet, ist nach dem Zweiten Weltkrieg entstanden, als die Trümmer des Krieges an dieser Stelle nahe dem Oberwiesenfeld aufgeschüttet wurden. Dieser sogenannte Schuttberg wurde im Vorfeld der Olympischen Spiele zu einem Park umgewandelt. Die heutige Olympia-Alm soll aus einem damaligen Standl für Bauarbeiter hervorgegangen sein. Sie ist der höchstgelegene Biergarten der Stadt. Der steile, aber leicht zu bewältigende gepflasterte Weg bergauf lohnt sich allein schon aufgrund des Ausblicks über das gesamte imposante Olympiagelände. Vom Bootsverleih des Olympia-Sees aus sind es circa zehn Minuten zu Fuß (oben auf dem Berg erste Abzweigung links nehmen) bis zur Alm, die sich wie in einer kleinen Mulde an den Berghang anschmiegt – umrahmt von hohen grünen Bäumen. Hinter einem Baumwipfel erhebt sich der Olympiaturm.

Das Lokal ist ein großer runder Holzpavillon mit Schänke, Kiosk und Grillstation. Davor stehen etwa 30 eng zusammengerückte Biertische mit dazugehörigen Sitzbänken. Es ist Freitag, 11.10 Uhr, und es sind schon Plätze für eine Gruppe von 20 Personen ab 17 Uhr reserviert. Unter den Schirmen sitzt man sonnen- und regengeschützt. Im Winter wärmen Heizstrahler.

Es gibt typisch bayerische Hausmannskost, unter anderem Kasspatzn, Fleischpflanzerl, Nürnberger Bratwürste mit Sauerkraut, Spareribs, Steaks und Schnitzel, dazu Ayinger Bier vom Fass als Halbe oder als Maß. An der Schänke ist Selbstbedienung. Kurios: Fertige Gerichte werden per Handsprechgerät ausgerufen.

Die Abgelegenheit und Ruhe dieses Ortes mitsamt seiner wunderschönen Umgebung erzeugen eine Atmosphäre, in der man sich leicht entspannen kann. Verbinden könnte man diesen Ausflug mit einer kleinen Radtour entlang des Nymphenburg-Biedersteiner Kanals – vom Nymphenburger Schloss aus oder aus Schwabing kommend.

Adresse Martin-Luther-King-Weg 8, 80809 München-Neuhausen-Nymphenburg, Tel. 089/3009924, www.olympiaalm.de | MVV Bus 144, Haltestelle Olympiasee oder Olympiaberg; U3, Haltestelle Petuelring | Öffnungszeiten ganzjährig täglich circa 10–22 Uhr | Tipp Im Theatron am Olympiasee finden im Sommer zwischen Ende Juli und Ende August täglich Livekonzerte bei freiem Eintritt statt.

65 Orexi Taverna

Ein griechisches Gartenlokal im nördlichen Pasing

Einen Katzensprung vom Nymphenburger Schlosspark und von dem in den letzten Jahren an der Paul-Gerhardt-Allee entstandenen Viertel Neupasing entfernt liegt die Orexi Taverna in einer Nebenstraße nördlich der Schienen. Nachdem das Gebäude in der Baumbachstraße lange Zeit leer gestanden hatte, ist endlich wieder ein gutes Restaurant eingezogen. Dass Speisenangebot und Qualität dem des Naxos in Obermenzing ähneln, ist kein Zufall. Der Cousin und ehemalige Mitarbeiter des Naxos-Wirtes hat sich mit dem Orexi sein eigenes Lokal erschaffen.

Der schlauchartige Innenraum des Lokals mit dicht gestellten Tischen und der Theke ist eine gemütliche Taverne im wahrsten Sinne des Wortes, der von einer grünen Hecke umgebene kleine Garten mit Kastanienbaum am Eingang ist sehr gemütlich und atmosphärisch. Und man ist mitten im Wohnviertel. An der Nimmerfallstraße befinden sich die historischen Wohnanlagen der sozial orientierten Wohnungsgenossenschaft Pasing. In direkter Nachbarschaft der Taverne ist eine Abteilung der Technischen Universität.

Die Speisekarte enthält all das, was man erwartet und sich wünscht, wenn man in Deutschland zum Griechen geht. Meine Tischnachbarin empfiehlt zu Beginn die gemischte Vorspeisenplatte, sie lobt besonders das Taramas, das Zaziki und das gegrillte Knoblauchbrot. Danach rät sie zur Dorade vom Grill. Ich entscheide mich für Moussaka und Gyros mit Zaziki, eines meiner Lieblingsgerichte, das nicht auf der Standardkarte, sondern nur auf der preisgünstigen Mittagskarte steht. Alles ist sehr geschmackvoll, fein und zurückhaltend gewürzt. Zum Mittagsgericht gehören ein Salat oder eine Suppe, ein kleiner Nachtisch und ein Ouzo.

Im Orexi wird man übrigens fachkundig beraten hinsichtlich Glutenunverträglichkeit, es gibt mehrere Gerichte, die glutenfrei sind. Im Naxos an der Verdistraße in Obermenzing sind sogar sämtliche Gerichte der Speisekarte glutenfrei.

Adresse Baumbachstraße 9, 81245 München-Pasing, 089/51771600 | MVV S2–S4, S6, S8, S20, Haltestelle Bahnhof Pasing; Bus 161, 162, Haltestelle Schmaedelstraße | Öffnungszeiten Di–So 11.30–14.30 und 17.30–24 Uhr | Tipp Im Feinkost Farnetani in der Peter-Anders-Straße 9 können nicht nur Großkunden und Firmen, sondern auch Privatpersonen einkaufen. In der 600 Quadratmeter großen Halle findet man in einem sehr freundlichen Ambiente eine breite Palette italienischer Spezialitäten.

66_Osteria dagli Artisti

Authentische italienische Küche

Ein italienisches Wirtshaus mit entzückendem Biergarten und einem temperamentvollen Wirt namens Michelangelo Pedace mitten in einer historischen Siedlung in Neuhausen. An den Wänden der Osteria hängen Fotos von italienischen Künstlern, manche sind zusammen mit dem Wirt abgebildet, viele stammen noch aus dem Corte dell'Angelo, das Pedace 15 Jahre lang in Giesing führte. Seit vier Jahren leitet er nun die Osteria dagli Artisti. Und er hätte sich keinen passenderen Ort aussuchen können. Denn direkt gegenüber an der gleichnamigen Straße liegt der Künstlerhof, der in den Jahren 1929 und 1930 von Uli Seek geschaffen wurde. Er besteht aus mehreren Bildhauerateliers mit großen Glasfassaden und skulptural anmutenden Kaminen, Atelierwohnungen und einem Innenhof mit Storchenbrunnen, imposantem Torbogen und dem Garten mit klappbaren Tulpensitzen.

Der Künstlerhof ist Teil der Großsiedlung Neuhausen, die hier in den Jahren 1928 bis 1930 zwischen Arnulf- und Wendl-Dietrich-Straße entstand. Die meisten Wohnblöcke sind in Zeilenbauweise angelegt, ein damals in Mode gekommenes Konzept, das erstmals in der Alten Heide in Schwabing (siehe Ort 34) Anwendung fand. Errichtet wurde die Anlage von der 1928 gegründeten Gemeinnützigen Wohnungsfürsorge AG – der Beginn des sozialen Wohnungsbaus. Heute steht das gesamte Ensemble unter Denkmalschutz.

Im Garten der Osteria dagli Artisti sitzt man unter hohen Kastanienbäumen, umgeben von grünen Kirschlorbeerhecken und mit gelegentlichem Blick auf die alten Hausfassaden mit den winzigen Fenstern. Hier gibt es authentische italienische Küche zu moderaten Preisen: ausgezeichnete Pizza und hausgemachte Pasta, nicht nur in den klassischen, sondern auch in ausgefalleneren Varianten.

Für den schmalen Geldbeutel eignet sich das günstige Mittagsmenü mit Pizza oder Pasta. Und auf der Mitnahmekarte gibt es montags jede Pizza zum niedrigen Einheitspreis.

Adresse Stupfstraße 21, 80634 München-Neuhausen, Tel. 089/20069959, www.osteriadagliartisti.de | MVV S1–S4, S6, S8, Haltestelle Hirschgarten; Bus 62, N43, N44, Haltestelle Steubenplatz oder Dankwartstraße; Tram 16, 17, N17, Haltestelle Steubenplatz oder Briefzentrum | Öffnungszeiten Mo, Mi–Fr 11.30–14 und 17–22 Uhr, Sa 17–22 Uhr, So 11.30–22 Uhr | Ausstattung kleiner Spielplatz im Biergarten | Tipp Das älteste Kino Münchens, das »Neue Maxim« in der Landshuter Allee 33, das vor einigen Jahren umfassend modernisiert wurde, ist ein kleines Kino mit ausgewähltem Programm und Wohnzimmeratmosphäre.

67_Papa Franco

Geheimtipp in Untermenzing

Obwohl ich im angrenzenden Stadtteil wohne, habe ich diese Pizzeria eher zufällig entdeckt. Sie liegt in einer kleinen, ruhigen Nebenstraße am südlichen Ortsrand von Untermenzing. Papa Franco ist eine Sportgaststätte. Die unscheinbar aussehende Eingangsfassade täuscht, hier kann man richtig gut italienisch essen, und hier gibt es eine der besten Pizzas in München. Insgesamt stehen 30 Varianten auf der Karte, von der Pizza Regina bis hin zur Pizza Porcini e Salsiccia – zu günstigen Preisen. Die Größe der Pizza ist beachtlich. Zu jeder Pizza werden zwei silberne Sauciers mit in Olivenöl eingelegtem Knoblauch und Chili gereicht. Neben der umfangreichen Speisekarte werden günstige Tagesgerichte auf einer großen Kreidetafel am Tisch präsentiert.

Die Innenräume des Restaurants sind einfach ausgestattet, aber gerade deswegen extrem gemütlich. Auf der Rückseite sitzt man auf einer großen Terrasse bis spätabends in der Sonne – mit Blick auf die große Rasenfläche des Fußballplatzes und den hohen Baumbestand an der Würm. 150 Meter entfernt befindet sich einer der reizvollsten Abschnitte der nördlichen Würm, die teilweise renaturiert wurde. Wer einmal dort war, dem wird vielleicht die starke Strömung aufgefallen sein. Das hat damit zu tun, dass die Würm bis zur Mündung in die Amper ein Gefälle von 114 Metern aufweist, weitaus mehr als die Isar. Ein Spaziergang oder eine Radtour an der Würm lässt sich wunderbar verknüpfen mit einem Besuch bei Papa Franco, leicht zu erreichen über die Fußgängerbrücke in Höhe Inselmühlweg/Mergenthalerstraße oder über die Von-Kahr-Straße.

Wer eine vergleichbare Essensqualität in Obermenzing sucht, dem sei das Ristorante Pizzeria Gigantelli empfohlen. Mitte 2022 hat Luigi, der Sohn des Besitzers, mit dem Gigantelli einen »Zwilling« von Papa Franco in zwei Kilometern Entfernung in der Sportgaststätte des SV Waldeck in der Meierbeerstraße 115 eröffnet.

Adresse Professor-Eichmann-Straße 11, 80999 München-Untermenzing, Tel. 089/95867213 | **MVV** S2, Haltestelle Untermenzing, von dort 10 Minuten Fußweg; Bus 164, 165, Haltestelle Willi-Wien-Straße | **Öffnungszeiten** täglich 11–23 Uhr | **Ausstattung** zahlreiche Parkplätze vor dem Eingang | **Tipp** Der schattige und kühle Biergarten der Inselmühle direkt an der Würm ist der ideale Ort bei hochsommerlichen Temperaturen.

68 Pausenhof am Dom

Günstig essen in der Innenstadt

Auch am Marienplatz im Zentrum Münchens gibt es Refugien, in denen sich günstig essen lässt. Der Pausenhof am Dom ist ein seit nunmehr sieben Jahren von Selin Sevengül und ihrem Bruder Deniz geführtes kleines Lokal, das absolut ruhig in einem Innenhof zwischen dem nur wenige Schritte entfernten Marienplatz und der Frauenkirche liegt. Das Lokal hat Imbisscharakter. In dem historischen Gebäude mit holzvertäfelten hellen Wänden und Decken ist eine offene Küche mit Kasse und Glasvitrine untergebracht, in der die schon fertigen Fleischpflanzerl, Schnitzel und Bratkartoffeln warten. Großformatige Kreidetafeln zeigen die ständigen und aktuellen Gerichte, das meiste unter 10 Euro. Einzig die vier Burger mit Angus Beef, die drei großen Salatteller und die Bowl mit Falafel, Zucchini-Puffern, Linsen-Quinoa, Selleriesalat, Kichererbsen und Brokkoli liegen preislich minimal drüber. Insgesamt bleiben die Preise hier schon seit Jahren stabil.

Die freundliche Bedienung ist die Ruhe in Person und nimmt sich Zeit bei Nachfragen. Das Chicken-Thai-Curry scheint sehr beliebt, kurz nach 14 Uhr ist es aus, wie ein Stammgast mit großem Bedauern feststellen muss. An der Portionsgröße wird nicht gespart. Die hausgemachten Fleischpflanzerl kommen zu zweit auf den Teller, genauso wie der Leberkäse mit Spiegelei. Dazu gibt es wahlweise Pommes, Bratkartoffeln oder Kartoffelsalat. Der Geschmack überzeugt. Die Soße der Currywurst ist beeindruckend gut. Gäste loben auch das Hähnchen-Gyros, die Spaghetti all'arrabiata oder bolognese, die Gyros Wraps mit Hühnchen und Grillgemüse und besonders die Burger.

Vom winzigen, aber sehr gemütlichen Nebenraum mit Sitzbänken, hohen Tischen und Sitzhockern sieht man durch die großen Fenster auf die Terrasse, wo noch mal etwa 20 Personen Platz finden. Ideal, um sich eine Erholungspause vom geschäftigen Trubel zu nehmen.

Adresse Thiereckstraße 2, 80331 München, Tel. 089/12256381 | MVV S1–4, S6–8, U3, U6, Haltestelle Marienplatz | Öffnungszeiten Mo–Sa 10–18 Uhr | Tipp Im Poseidon am Viktualienmarkt (Westenrieder Straße 13) gibt es variierende Tagesgerichte, Fischsuppe, Spaghetti mit Meeresfrüchten, Schnecken, Muscheln und diverse Austern zu moderaten Preisen.

69 Pflanzerl Pavillon

Man läuft leicht dran vorbei

Fast unsichtbar mitten in der Maxvorstadt liegt *der* Geheimtipp für günstiges, gutes Essen in wunderschönem Ambiente. Das Pflanzerl hieß vor einigen Jahren noch Hansagarten und gehört zum Hansahaus, dessen Eigentümer der Katholische Wirtschafts- und Sozialverband KKV Hansa München ist.

Von der Brienner Straße aus sieht man das Lokal nicht, man durchquert erst zwei Hausdurchgänge und steht dann überrascht vor dem unerwartet schönen Glaspavillon mit Biergarten mitten in einem weitläufigen umwachsenen Innenhof. Um 11.30 Uhr sind wir die ersten Gäste, doch schon um 12.30 Uhr sind die Tische draußen alle besetzt und die nachkommenden Gäste begeben sich in den großen Pavillon mit den ausgedehnten Fensterfronten, die sich nach außen hin öffnen lassen. Unter den Besuchern sind offensichtlich viele Beschäftigte aus den umliegenden Büros, Museen und Universitäten, auch größere Gruppen, die Tische reserviert haben.

Auf der bewusst knapp gehaltenen Speisekarte finden sich neben mehreren Salaten und drei Pastagerichten sechs Hauptspeisen, darunter diverse Schnitzel. Besonders viel Appetit macht die ergänzende Wochenkarte. Jeden Tag gibt es zwei zusätzliche Gerichte. Wer sich nicht nur die aktuelle, sondern auch einmal die Wochenkarten der letzten Monate auf Facebook ansieht, merkt, dass das Repertoire der Küche recht vielfältig ist und öfter mal neue Speisen ausprobiert werden. Hier trifft man etwa auf gefüllte Crespelle, Maishähnchen auf Ananascurry, Südtiroler Spinat- und Käseknödel mit Pinienbutter, Seelachsröllchen in Kokos-Curry-Soße, Salatbowles in vielen Variationen oder einen thailändischen Fischeintopf.

Das Highlight an so manchen Freitagen im Hochsommer: Im Garten wird ein Holzkohlegrill aufgebaut und Fleisch, Fisch und Gemüse aufgelegt, dazu gibt's ein Salatbuffet, »all you can eat« für einen Superpreis. Auch die Getränke sind günstiger als in anderen Wirtschaften.

Adresse Brienner Straße 39, 80333 München-Maxvorstadt, Tel. 0179/5249366, www.pflanzerl-pavillon.eatbu.com | MVV U1, U7, Haltestelle Stiglmaierplatz; Tram 20, 21, U1, U2, U8, Haltestelle Königsplatz | Öffnungszeiten Mo–Fr 10–16 Uhr | Tipp Das Ägyptische Museum besuchen und danach ganz in der Nähe auf einer der schönsten Dachterrassen Münchens im Café Vorhoelzer der TU (Arcisstraße 21) das Panorama genießen.

70__Pogner's

Caldo Verde in Thalkirchen

Ein Wirtshaus mit einem kleinen, aber lauschigen Biergarten vor dem Eingang. Es liegt direkt an der Ecke Pogner-/Schachnerstraße, zu Fuß fünf Minuten von der U-Bahn-Haltestelle Thalkirchen entfernt. Früher hieß das Lokal Schachner Hof. Am 1. Februar 2014 eröffnete es unter portugiesischer Leitung als Pogner's.

Das bayerische Interieur und Ambiente ist geblieben. Es gibt nach wie vor traditionell bayerische Küche. Gäste schätzen den Schweinebraten, das Münchner Schnitzel mit Meerrettich-Senf-Kruste, die Käsespätzle und das Zanderfilet. Einzigartig wird das Lokal durch die große Auswahl an portugiesischen Gerichten, die es zu einem Geheimtipp machen, zumindest für diejenigen, die in anderen Stadtvierteln wohnen und das Wirtshaus bisher noch nicht wahrgenommen haben. Viele Stammgäste kommen aus dem Viertel.

Mittags ist das Pogner's schon gut besucht. Dienstags bis freitags gibt es jeweils ein günstiges Wochen- und ein Tagesgericht (bis 15 Uhr). Heute ist es das schmackhafte Cordon bleu Lisboa Art, mit pikantem Chouriço und Käse gefüllt, dazu Pommes und Salat. Unter den auf der Standardkarte angebotenen Speisen finden sich die berühmte Kartoffelsuppe Caldo Verde, Tabua de salgados (Fingerfood), Carne de porco à alentejana (sautierte Venusmuscheln und Schweinefleischwürfel mit frittierten Kartoffeln und Koriandersalat), Bitoque (Rinderlendensteak mit Spiegelei), Bacalhau assado (gegrillter Stockfisch) und Espetadas, gegrillte Rindfleisch-Gemüse-Spieße, die traditionell an einem Ständer aufgehängt serviert werden. Neu hinzugekommene Gerichte stehen auf Kreidetafeln.

Die Preise für diese portugiesischen Spezialitäten sind moderat. Die Auswahl an Bieren beschränkt sich auf Löwenbräu und Franziskaner Weißbier, daneben gibt es mehrere portugiesische und italienische Weine sowie Spirituosen, einige portugiesischer Herkunft, und Cocktails.

Adresse Pognerstraße 9, 81379 München-Thalkirchen, Tel. 089/45214258, www.pogners.de | MVV U3, Haltestelle Thalkirchen (Tierpark) | Öffnungszeiten Di–So 11–23 Uhr | Ausstattung Kegelbahn im Keller | Tipp Nicht nur Kaffee und Kuchen gibt es im Kiosk 1917 an der U-Bahn-Station Thalkirchen. Die kleine Wiese mit Liegestühlen ist ein beliebtes Ruheplätzchen.

71_Potlatsch

Gyrosfreie Zone

Die meisten betreten den Garten gleich durch das offene Eisentor im rückwärtigen Teil des Gebäudes. Man geht durch einen schattigen Terrassenbereich zwischen den Häusern und gelangt in einen von der Straße nicht einsehbaren, unerwartet großen, von einer schönen, teils begrünten Backsteinmauer umgebenen Garten. Der eingewachsene alte Baumbestand garantiert auch hier angenehmen Schatten in der größten Sommerhitze. Hinter der Mauer liegt der Kirchhof der Pfarrkirche St. Ulrich. Der Kirchturm verschwindet fast völlig hinter den Baumwipfeln. In einer Ecke des Gartens stehen ein Trampolin und ein Spielhaus für Kinder. Ein atmosphärischer Biergarten, der mit viel Liebe zum Detail eingerichtet wurde, aber der Natur ihren Raum lässt. Auch im Inneren der seit 2013 bestehenden Taverne mit dem ungewöhnlichen Namen Potlatsch – benannt nach dem indianischen Fest des Schenken – sitzt man sehr gemütlich, zur Straße hin gibt es zudem einen schönen Wintergarten.

Wer im Potlatsch die weithin übliche griechische Speisekarte erwartet, wird überrascht sein. Unter den auf einer Seite aufgelisteten Speisen gibt es zum Beispiel kein Gyros. Doch die Vielfalt an Gerichten beeindruckt, es sind auch einige dabei, die man sonst eher selten bekommt. Etwa Imam Bayildi (mit Tomaten und Zwiebeln gefüllte Aubergine, die mit Feta überbacken wird) oder Kokkinisto, eine Art griechisches Gulasch mit Pflaumen in Tomaten-Rotweinsoße. Die gebratenen Sardellen schmecken wie in Griechenland. Auch die Gerichte an den Nachbartischen sehen frisch und köstlich aus. Man bekommt Lust, Verschiedenes zu probieren. Besonders beliebt ist der gemischte Vorspeisenteller, zu dem ein Meeresfrüchtesalat und Zucchinipuffer gehören. Gelobt werden die große Auswahl an vegetarischen Speisen, das gute Preis-Leistungs-Verhältnis, die wohltuende Umgebung und die griechische Gastfreundschaft, die sich schon im Namen des Lokals ankündigt.

Adresse Agnes-Bernauer-Straße 98, 80687 München-Laim, Tel. 089/58978191, www.potlatsch-muenchen.de | MVV S1–S4, S6, S8, Haltestelle Laim; Tram 19, 29, Bus N19, Haltestelle Fürstenrieder Straße oder Agnes-Bernauer-Platz | Öffnungszeiten Mo–Sa 17–24 Uhr, So und Feiertage 12 – 24 Uhr | Ausstattung Trampolin für Kinder | Tipp In der Konditorei Detterbeck direkt gegenüber kann man nicht nur großartigen Kuchen essen, auch das Eis aus eigener Herstellung ist empfehlenswert.

72 Restaurante Castanho

Geschmackserlebnisse in Eichenau

Wir sind in Eichenau, von dessen einstiger Berühmtheit als bedeutendstes deutsches Anbaugebiet für Pfefferminze heute noch das hiesige Pfefferminzmuseum, das einzige seiner Art weltweit, erzählt.

Etwa fünf Minuten Fußweg vom S-Bahnhof Eichenau entfernt liegt dieses empfehlenswerte portugiesische Restaurant. Beim Anblick der umfangreichen Speisekarte fällt auf, dass das Angebot an italienischen Gerichten deutlich überwiegt. Daneben gibt es portugiesische Spezialitäten wie die Cataplana, ein Fischeintopf, der nur auf Vorbestellung zubereitet wird, Bacalhau com natas (Stockfisch mit Kartoffeln in Béchamelsoße), Bife com castanhas (Rinderfilet mit Maronen in Portweinsoße) und Bitoque (Rindersteakscheiben mit Spiegelei, Reis und Pommes). Die große Weinauswahl besteht ausschließlich aus portugiesischen Sorten.

Der kleine Biergarten des Lokals liegt hinter dichten Hecken verborgen an einer Straße. Die Mittagskarte, die von Montag bis Samstag gilt, bietet sechs günstige Menüs, bei denen jeder fündig wird – ob Pasta, Pizza, Fleisch, Fisch oder Salat, alles inklusive Vorspeise und einem Dessert beziehungsweise Espresso. Wir entscheiden uns für die Tagliatelle mit Meeresfrüchten und Champignons in Weißwein-Sahne-Soße und eine Gemüsecremesuppe als Vorspeise. Die Suppe ist kaum gewürzt, aber gerade deshalb delikat, schön nach purem Gemüse schmeckend und nicht zu sättigend. Das dazu gereichte, selbst gebacken wirkende portugiesische Brot passt optimal. Die Hauptspeise mit verschiedensten Meerestieren in einer sehr feinen Soße ist von beeindruckender Qualität. Hier wurde nicht gespart an guten Zutaten. Auch der abschließende Espresso ist perfekt. Wie wird erst der portugiesische Fischeintopf schmecken, der von Gästen besonders gelobt wird? Das von außen etwas unscheinbar aussehende Restaurant ist die Reise wert. Abends sollte man besser reservieren.

Adresse Olchinger Straße 8, 82223 Eichenau, Tel. 08141/2220524, www.restaurante-castanho | MVV S4, S20, Haltestelle Bahnhof Eichenau | Öffnungszeiten täglich außer Mi 11.30–14.30 und 18–21.30 Uhr | Tipp Der drei Kilometer entfernte Eichenauer See ist ein kleiner, nicht überlaufener Badeweiher mit Steg und Grillbereich, ideal zum Entspannen und Sonnenbaden.

73 Rumpler

Zwischen Isar und Südfriedhof

Die Gaststätte Rumpler liegt im Glockenbachviertel, einem der am dichtesten besiedelten Stadtteile Münchens mit einer großen Vielfalt an Bars und Restaurants, die es zu einem der angesagtesten Szeneviertel der Stadt macht. Früher war das Glockenbachviertel von zahlreichen Bächen durchflossen. Einer davon war der namensgebende Glockenbach, der mit der Zeit eingedämmt wurde und heute nur noch unterirdisch fließt.

Im Vergleich zum stark frequentierten Gärtnerplatz im Nordosten liegt der Rumpler zwischen Isar und Altem Südfriedhof in einer eher ruhigen, nicht überlaufenen Gegend. Es ist ein traditionelles Wirtshaus mit einer schnörkellosen, gemütlichen Inneneinrichtung und einer bodenständigen bayerischen Küche. Im Sommer sitzt man hier auf dem ausgedehnten Vorplatz, mitten im Wohnviertel, umgeben von viel Grün und mit Blick auf den weitläufigen Spielplatz und die Jugendstilfassade aus der Gründerzeit gegenüber. Insgesamt 100 Gäste finden draußen Platz, so viele wie drinnen.

Der Schweinebraten ist auch als kleine Portion groß genug. Das Schnitzel Wiener Art gibt's ebenfalls in einer normalen und günstigeren Version. Und das Münchner Schnitzel mit Senf-Meerettich-Panade ist unbedingt empfehlenswert. Während die Standardkarte schon mächtig Appetit macht, zeigt die ergänzende Tageskarte das vielfältige Repertoire des Kochs. Hier finden sich Rindergeschnetzeltes, Hirschgulasch, Jägerbraten, Hühnerfrikassee und eine Reihe vegetarischer Speisen wie Ratatouille, Safranrisotto, Spinatspätzle, Kartoffel-Brokkoli-Auflauf und das Knödelgröstl. Die Zutaten kommen vom Wochenmarkt am Mariahilfplatz in der Au, das Fleisch aus der Region. Das Augustiner schmeckt nirgendwo so gut wie hier.

Wem nach dem Essen nach einem Spaziergang ist, der könnte den nahen Südfriedhof besuchen. Der älteste Friedhof der Stadt mit Gräbern berühmter Münchner ist eine traumhaft schöne Parklandschaft.

Adresse Baumstraße 21, 80469 München, Tel. 089/37507078, www.rumpler-augustiner.de | **MVV** U1, U2, U7, U8, Haltestelle Fraunhoferstraße; Bus 58, 68, Haltestelle Baldeplatz; Bus 132, Haltestelle Klenzestraße | **Öffnungszeiten** Mo–Do 11.30–24 Uhr, Fr 11.30–1 Uhr, Sa 17–24 Uhr, So 11.30–23 Uhr | **Tipp** Ganz in der Nähe befinden sich zwei beliebte Musikkneipen: die Geyerwally (Geyerstraße 17) und das Kooks (Geyerstraße 18).

74_Sapori Originali

Essen wie in Italien

Das Sapori Originali ist Teil des Stemmerhofs, zu dem mehrere Geschäfte und Lokale gehören. Wer den Stemmerhof am Sendlinger Berg das erste Mal betritt, spürt gleich den besonderen Charme dieses Gebäudeensembles, welcher erst durch Kenntnis der Historie verständlich wird. Der Hof, der 1381 das erste Mal urkundlich erwähnt wird, entstand im 17. Jahrhundert in der Form, die heute noch erkennbar ist: als Dreiseithof, dessen Wohnbereich, Stallungen und Nebengebäude den Innenhof von drei Seiten umgeben. Der landwirtschaftliche Betrieb, der seit 1793 in Besitz der Familie Stemmer war, wurde 1992 eingestellt. Doch die ländliche Atmosphäre blieb erhalten. Denn die heutigen Besitzer Elisabeth Stemmer-Kunz und ihr Mann Walter Kunz haben den Hof neu erfunden. Es entstand ein lebendiger Dorfplatz mitten in der Stadt.

Das Sapori Originali ist ein kleines Bistro mit in warmem Holz rustikal und verspielt eingerichteten Interieur, das mit der Bar, der offenen Kochstelle, der Glasvitrine mit Käse- und Wurstspezialitäten und den wenigen Sitzplätzen sehr gemütlich wirkt. Im Außenbereich sitzt man mit Blick auf den Innenhof.

Über der Bar hängt ein Foto des Spaghetti essenden Don Camillo. Die Pasta in etwa zehn Variationen ist ein zentraler Bestandteil der Speisekarte. Besonders beliebt sind die Carbonara und die nur dienstags und freitags angebotene Pasta al Ragù. Zum Pastagericht wird ein Salat gereicht, der gegen einen geringen Aufpreis durch ein Käsebrett ersetzt wird. Die Taglieri, auf Olivenholzbrettern angebotene Käse- und Wurstaufschnitte, die aus Parma sowie den Regionen Trentino-Alto Adige, Toscana und Veneto stammen, gehören zum gut durchdachten Konzept dieses Bistros. Die Auswahl und Anzahl der Sorten kann der Gast selbst bestimmen. Auch mit wenig Hunger findet man hier etwas. Dazu trinkt man einen der ausgewählten Weine oder ein gezapftes Bier aus der Forschungsbrauerei.

Adresse Stemmerhof, Plinganserstraße 6, 81369 München-Sendling, Tel. 089/76753608, www.sapori-originali.com, www.stemmerhof.de | MVV Bus 53, 153, Haltestelle Sendlinger Kirche | Öffnungszeiten Mo 10–22 Uhr, Di, Mi 10–21 Uhr, Do, Fr 10–22 Uhr, Sa 10–21 Uhr | Tipp Neben dem Stemmerhof stehen wechselnde Foodtrucks an der Plinganserstraße. Donnerstags und freitags kann man am venezolanischen Imbiss unter anderem frittierte Maniok-Pommes essen.

75_Sappralott

Eine Neuhausener Institution

Seit fast 120 Jahren trifft man sich bei einem Augustiner in der Donnersbergerstraße 37. Ab 1905 war hier der »Hirschpark« beheimatet. Seit 1986 heißt die Gaststätte Sappralott. Die Donnersbergerstraße, benannt nach dem Staatsmann Joachim Freiherr von Donnersberg (1561–1650), verläuft zwischen Rotkreuzplatz und Arnulfstraße, geprägt durch die Wohnblöcke der Eisenbahner-Baugenossenschaft. In den 1920er Jahren soll die Straße eine Art Vergnügungsmeile gewesen sein. Ein Stadtteilhistoriker nannte sie einmal die »Reeperbahn Münchens«. Damals gab es auf den 700 Metern 17 Lokale: Bars, Wirtshäuser, Bierhallen, Tanzcafés und Billardsalons. Heute ist sie vor allem eine Einkaufsmeile, auch wenn in den letzten Jahren zunehmend Läden schließen mussten.

Im Sappralott trifft sich das Viertel, die meisten gehen regelmäßig hin – auf ein Bier oder ein günstiges Tagesgericht, zum Ratschen oder zum Fußballgucken. Das Publikum ist überwiegend Stammkundschaft, der Laden immer gut besucht. Jeder spricht mit jedem. Im hellen länglichen Innenraum mit dunkler Holzvertäfelung und Stuckdecke, den dezent eingesetzten Jugendstil-Lampen und der schönen Bar mit einem beeindruckend schmucken Barschrank mit nicht deplatziert wirkenden Heiligenfiguren fühlen sich alle wohl. Im Frühling und Sommer wird der breite Bürgersteig vor dem Lokal zur beliebten Außenterrasse, die 65 Personen Platz bietet.

Der Putenbraten an Pilzrahm mit Reis ist eines der vier heutigen Tagesgerichte. Die sättigende Portion schmeckt wie zu Hause. Einfach, aber gut. Alternativ wären noch ein Pastagericht, Rahmwirsing mit Kartoffeln oder ein Salatteller möglich gewesen. Eine Frau am Nachbartisch spart sich den Blick in die Karte, sie bestellt das Riesenschnitzel von der Pute mit Pommes und Salat, eines der beliebtesten Gerichte hier – neben dem Münchner Schnitzel mit Bratkartoffeln, das eines der besten der Stadt sein soll.

Adresse Donnersbergerstraße 37, 80634 München, Tel. 089/51771444, www.sappralott.de | MVV S1–4, S6–8, Haltestelle Donnersbergerbrücke; U1, U7, Haltestelle Rotkreuzplatz; Tram 16, 17, N17, Bus 53, 63, 153, Haltestelle Donnersbergerstraße | Öffnungszeiten Mo–Sa 10–1 Uhr, So 10–24 Uhr, warme Küche täglich bis 22.30 Uhr | Tipp Das »Kolonial« (quasi nebenan in der Donnersbergerstraße 39) ist ein unfassbar schönes Café, das man hier gar nicht vermutet und das wie ein Wiener Kaffeehaus wirkt. Ein echter Geheimtipp.

76__Schießstätte Allach

Schwabinger Podium reloaded

Die Auswahl eines Lieblingsortes hat immer auch mit einem selbst zu tun und lässt sich gänzlich schwer vermitteln. Der öffentliche Biergarten der Schießstätte Allach ist ein idealer Ziel- oder Rastpunkt für im Westen Münchens lebende Einwohner, die mit dem Rad gern an der Würm entlang gen Norden fahren und die Isar erst nachrangig schätzen. 15 Radminuten (vier Kilometer) von der Blutenburg und 20 Radminuten (sechs Kilometer) vom Pasinger Bahnhof entfernt, ist es hier nicht so überlaufen wie in anderen, weit größeren Biergärten. Man sitzt in ruhiger Abgeschiedenheit und blickt auf den Grünstreifen der Würm mit den hohen Ahornbäumen, Rotbuchen und Weiden. Das Licht, das durch das Blätterwerk fällt, hat hier eine besondere Qualität und Helligkeit. Urlaubsfeeling fern der städtischen Hektik. Dazu tragen auch die ab und zu auf dem Würmweg gemächlich vorbeifahrenden Radfahrer und das am Schank- und Brotzeitfenster tätige, relaxte Personal bei. Die Speisekarte mit 15 vorwiegend bayerischen Gerichten passt auf eine Kreidetafel. Neben Obazda, Nürnbergern mit Sauerkraut, Brezenknödelsalat und Backhendl gibt es an ausgesuchten Terminen auch Steckerlfisch.

2017 geschah etwas, was auf den ersten Blick wenig mit dem öffentlichen Gasthaus und Biergarten auf dem Vereinsgelände des zweitgrößten Schützenvereins Münchens zu tun hat. Aufgrund der Kündigung eines Investors musste das Schwabinger Podium, als Livemusik-Kneipe eine Münchner Institution, nach über 40 Jahren schließen. Ein neues Zuhause fand das Podium der Wirtsfamilie Vogel durch die Vermittlung eines Brauereivertreters von Hacker-Pschorr in der Schießstätte Allach. Seitdem finden neben dem normalen Gastrobetrieb im großen schalldichten Saal des Gasthauses ganzjährig und an einigen lauen Sommerabenden (bei freiem Eintritt) auch im Biergarten Rock-, Blues- und Jazzkonzerte statt. Ein Grund mehr, die Schießstätte aufzusuchen.

Adresse Servetstraße 1, 80999 München-Allach, Tel. 089/399482, www.allacher-schiessstaette.de | MVV S2, Haltestelle Bahnhof München-Allach, von dort 15 Minuten zu Fuß; Bus 164, Haltestelle Servetstraße | Öffnungszeiten Mo–Fr 16–22 Uhr, Sa, So 11.30–22 Uhr, Biergarten nur bei gutem Wetter; keine Kartenzahlung | Ausstattung Parkplatz, Spielplatz | Tipp Von der Schießstätte aus sind es mit dem Rad nur 15 Minuten bis zum Waldschwaigsee.

77 Schlossschänke Blutenburg

Ein mittelalterliches Juwel an der Würm

Die Obermenzinger sind besonders begünstigt, was Naherholungsflächen angeht. Neben dem weitläufigen Park von Schloss Nymphenburg bieten der Pasing-Nymphenburger Kanal, der 1,5 Kilometer lange Durchblickpark zwischen Schloss Nymphenburg und das von der Würm umflossene Schloss Blutenburg weitere Gelegenheiten zur kurzfristigen Erholung. Beim Durchqueren des Parks, der auch heute noch eine – wenn auch eingeschränkte – Sichtachse bildet, sieht man die Wehrmauern der Wasserburg schon von Weitem. Doch sind die hohen Mauern nur dekorativer Schein, die Blutenburg war wohl eher ein befestigtes Jagd- und Lustschloss, in dem sein Erbauer Herzog Albrecht III. 1433 bis 1435 mit seiner Geliebten Agnes von Bernauer lebte. Nach Albrechts Tod übernahm dessen Sohn Sigismund das Anwesen, unter ihm entstand um 1488 das berühmte Herzstück der Blutenburg, die Schlosskapelle, die mit ihrer Ausstattung, besonders den Altartafeln und den Holzfiguren, zu den bedeutendsten spätgotischen Kunstdenkmälern im Münchner Raum zählt.

Wer heute die Schlossschänke besucht, einen eingeschossigen Bau mit einer für 60 Personen eingerichteten Schänke mit Kachelofen und zwei zusätzlichen Terrassen, eine mit Aussicht auf See und Durchblickpark, die andere im Innenhof, fühlt sich – insbesondere wenn er den Schlosshof betritt – wie in einer mittelalterlichen Filmkulisse. Die Schänke bietet deutsche Landküche auf einem gehobenen Niveau zu moderaten Preisen. Die sechs appetitanregenden Hauptspeisen auf der Standardkarte werden ergänzt durch eine Wochenkarte mit einem täglich wechselnden Gericht (aktuelle Karten siehe Website).

Zu Fuß oder mit dem Rad erreicht man die Blutenburg vom Pasinger Bahnhof kommend nach zwei Kilometern an der Würm entlang. Ebenso lang und erholsam ist der Weg von der Frauendorfer Straße nördlich des Pasing-Nymphenburger Kanals durch die grüne Lunge des Durchblickparks.

Adresse Seldweg 15, 81247 München-Obermenzing, Tel. 089/8119808, www.schlossschaenke-blutenburg.de | MVV Bus 56, 143, 159, 160, Haltestelle Blutenburg | Öffnungszeiten täglich außer Di 12–20.30 Uhr | Tipp Die im Schloss untergebrachte Internationale Kinder- und Jugendbibliothek, weltweit die größte ihrer Art, die umfangreich modernisiert wurde und Ende März 2024 wiedereröffnet, ist einen Besuch wert.

78_Schnitzelgaudi

Das Schnitzelstudium

Was für ein merkwürdiger Name, dachte ich, als ich bei meiner Recherche im östlichen Umland von München die Schnitzelgaudi im Sonnblick entdeckte. Doch die Website und die Rezensionen machten mich neugierig.

Wir sind in einem Wohnviertel in Markt Schwaben in der Neusatzer Straße. Von dem Wirtshaus sieht man noch nichts. Ein schmales Eingangstor zwischen hohen Hecken, wir folgen dem engen Pfad hinein, und plötzlich stehen wir mitten in einem kleinen grünen Paradies. Ein wunderschöner lauschiger Biergarten mit einer ebenso gemütlichen Hütte, die von außen winziger aussieht, als sie tatsächlich ist. Die Speisekarte bedarf eines längeren Studiums. 14 verschiedene Schnitzel stehen zur Auswahl. Ich frage die freundliche und humorvolle Wirtin Sandra, die im Garten bedient, nach den Lieblingsschnitzeln der Gäste. Sie antwortet und zeigt dabei auf die Karte: »Das sind *meine* Favoriten, in der Reihenfolge: Räuber Kneißl, Athen, Kalbsjäger, New York.« Ich entscheide mich für das New York, ein mit Cornflakes paniertes Putenschnitzel mit Süßkartoffelpommes und Cocktailsoße. Schmeckt ausgezeichnet. Ein leichtes Essen, das nicht schwer im Magen liegt. Alle Schnitzel werden als große oder kleine Portion angeboten – zu günstigen Preisen. Sogar ein vegetarisches Schnitzel ist dabei. Und wer Lust auf Vitamine hat, kann zwischen mehreren originellen Salaten wählen, auch hier wieder als große oder kleine Portion. Das Bier kommt von der Markt Schwabener Brauerei Schweiger, die nur 500 Meter entfernt liegt. Das Schweinefleisch stammt vom Strohschwein aus der Region.

Man spürt, dass das Lokal mit Leidenschaft geführt wird, man merkt es an der Qualität und Originalität der Speisen, an der Kundenfreundlichkeit, die sich auch darin zeigt, dass man von der Karte abweichen und die Fleischsorte und Beilage jedes Gerichts selbst wählen kann. Ein Ort, der den Ausflug aus München lohnt.

Adresse Neusatzer Straße 2, 85570 Markt Schwaben, Tel. 08121/5776, www.schnitzelgaudi.de | **MVV** S2, Haltestelle Markt Schwaben, von dort 10 Minuten zu Fuß | **Öffnungszeiten** Mi–So sowie Feiertage und erster Schultag 11–23 Uhr, warme Küche bis 21 Uhr | **Ausstattung** Spielplatz in Sichtweite, Parkplätze hinter der Gaststätte | **Tipp** Der Wildpark Poing ist ein Highlight für Familien. Ein großer Abenteuerspielplatz, ein Streichelzoo und die beeindruckende Greifvogelschau ergänzen die Besichtigung der frei laufenden Tiere.

79 SeeKiosk Germering

Abgelegen, nicht überlaufen und ruhig

Am leichtesten zu erreichen ist dieser etwas abseits von Germering gelegene See mit dem Auto oder mit dem Rad, wer mit der Bahn oder dem Bus kommt, hat noch einen Fußweg von 15 bis 30 Minuten vor sich. Der Badesee wurde 1971 angelegt und einige Jahre später zum Naherholungsgebiet Germerings ausgebaut, er ist umgeben von kilometerweiten Feldern und Feldwegen und im Westen von einem großen angrenzenden Wald.

Der Kiosk liegt unweit des Parkplatzes an der südlichen Spitze des 300 Meter langen Sees. Am Eingang zum Kiosk stehen mehrere in einer Reihe aufgestellte Kreidetafeln Spalier, auf denen die Tagesgerichte notiert sind. Die große, holzverkleidete Blockhütte befindet sich an einer weiten grünen Liegewiese und ist von eingewachsenen hohen Bäumen und Sträuchern umgeben. Zahlreiche Sitzplätze gibt es direkt vor der Kioskfassade mit den zwei Bedienfenstern und auf dem Bereich zur Wiese. Im Kiosk findet sich mit der winzigen See-Stube noch ein gemütlicher Innenraum für schlechteres Wetter, in dem bis zu 30 Personen Platz haben.

Am offenen Bedienfenster hat man die Wahl zwischen Bratwurst-, Käse-, Leberkäs-, Pflanzerl- oder Braten-Semmel, oder man entscheidet sich gleich für ein Schnitzel, ein Seelachsfilet mit Kartoffelsalat oder eine Currywurst mit Pommes. Neu ist die Ofenkartoffel mit Kichererbsen, Sprossen und Quark. Alles werde frisch zubereitet, sagt einer der beiden Angestellten, die gut gelaunt und tiefenentspannt Auskunft geben. Es herrscht eine relaxte Stimmung hier am See, der nie überlaufen ist und an dem man immer ein ruhiges Plätzchen entdeckt. Das Publikum setzt sich zusammen aus Einheimischen und Ausflüglern. Die meisten kommen gar nicht zum Schwimmen, sondern nur wegen des Kiosks und des schönen Biergartens. Ein Rundgang um den See dauert nur 20 Minuten. Das Ausführen von Hunden ist am See übrigens nicht erlaubt.

Adresse Burgweg 12, 82110 Germering, Tel. 089/84102184 | **MVV** S8, Haltestelle Germering-Unterpfaffenhofen, von dort 30 Minuten; Bus 857, Haltestelle Germering Obere Bahnhofstraße, von dort 15 Minuten zu Fuß über Feldwege | **Öffnungszeiten** täglich 10–21 Uhr, nicht bei Regenwetter; keine Kartenzahlung | **Ausstattung** kostenpflichtiger Parkplatz am Eingang | **Tipp** Das historische, unter Denkmalschutz stehende Gut Freiham mit schöner Allee, Schloss, Kirche, alten Ställen, Schnapsbrennerei und neu renoviertem Biergarten ist einen Besuch wert.

80 St. Benno Einkehr

Eine Obergiesinger Institution

Wir stehen am Eingang der St. Benno Einkehr in Obergiesing: Direkt gegenüber – auf der anderen Seite der Straße – liegt der Friedhof am Perlacher Forst, westlich davon die JVA Stadelheim. Nur 500 Meter entfernt, wo die Stadelheimer Straße in die Ständlerstraße übergeht, befindet sich das MVG-Museum.

Der Biergarten des Lokals ist von außen kaum einsehbar, er zieht sich an der Westseite des Lokals entlang, ergänzt durch einen Wintergarten. Ganz hinten sitzt man besonders schön und weit weg von der Straße. Im Garten stehen mehrere Kastanienbäume, Schatten spenden auch die hohen Bäume der umliegenden Grundstücke. Man fühlt sich gleich wohl, wenn man den Biergarten betritt, eine sehr entspannte Stimmung herrscht unter den Gästen, die einzeln oder in kleinen oder größeren Gruppen die zwanglose Atmosphäre genießen. Das bunt gemischte Publikum besteht zu einem großen Teil aus Stammgästen, die hier regelmäßig einkehren, viele sind aus dem Viertel. Der gut aufgelegte Kellner moderiert die Bestellungen und Sonderwünsche eloquent.

Das Lokal ist für die Obergiesinger zu einer Institution geworden, die Beständigkeit garantiert. Denn seit 1987 wird die Gaststätte von den gebürtigen Südtirolern Karl und Cornelia Walzl geführt. Neben einer ganzen Reihe von typischen Brotzeiten, Schmankerln und traditionellen bayerischen Fleischgerichten bietet die Speisekarte fünf Suppen und zwei Fischgerichte. Das sehr gute Preis-Leistungs-Verhältnis wird von vielen Gästen gelobt. Die Tageskarte erweitert das Angebot um seltener zu findende Gerichte wie zum Beispiel einen Ochsenbraten und zwei Tiroler Spezialitäten: ein mit Almkäse gefülltes Hirschschnitzel und das Wildererpfandl mit Hirsch und Wildschwein.

Nach dem Essen könnte man zu Fuß oder per Rad noch einen Ausflug in den Perlacher Forst unternehmen. Bis zum Perlacher Mugl sind es gerade mal fünf Kilometer.

Adresse Stadelheimer Straße 71, 81549 München-Obergiesing, Tel. 089/6900855, www.st-benno-einkehr.de | **MVV** Bus 139, Tram 18, Haltestelle Schwanseestraße | **Öffnungszeiten** täglich 10–23 Uhr, Küche 11–21.30 Uhr | **Tipp** Der alte Bahnhof in Giesing ist seit 2004 ein beliebtes Kulturzentrum, in dem regelmäßig Theater- und Kabarettabende, Tanzveranstaltungen, Konzerte und Ausstellungen stattfinden.

81_Thai Dala

Einmal Nudeln mit dicker Soße, bitte!

Im Wappen dieses kleinen Imbisses flankieren zwei Elefanten mit erhobenen Rüsseln, auf denen sie eine dampfende Suppenschüssel halten, den Eingang zu einem tempelartigen Lokal. In keinem anderen Land wird der Elefant so verehrt wie in Thailand. Als National- und Glückssymbol ist er auf Bildern oder auch im Namen thailändischer Restaurants fast immer in irgendeiner Weise zu finden.

Das Thai Dala liegt südlich des Pasinger Zentrums, ein paar Schritte entfernt vom Kirchplatz. Seit drei Jahren wird es von On-Anong Changsuri und ihren Töchtern mit großem Erfolg geführt. Manche Gäste halten es gar für eines der besten thailändischen Restaurants Münchens. Wer hier einmal Pad Thai, das Nationalgericht Thailands, bestellt hat, wird dem zustimmen. Neben dem großartigen Geschmackserlebnis überzeugen die Portionsgröße und das sehr gute Preis-Leistungs-Verhältnis. Hoch im Kurs stehen bei den Gästen auch die Tom Kha Gai, das frittierte Tempura-Gemüse, das Rendang-Curry, das Massaman-Curry, das knusprige Entenfilet und das Kinau-Seefood (gebratene Reisnudeln mit Muscheln, Garnelen und Tintenfisch in scharfer Austernsoße). Positiv fällt auf, dass hier nicht wie mancherorts nur eine Soße, sondern viele verschiedene Soßen verwendet und auf die einzelnen Gerichte abgestimmt werden. So die Aussage einer hier lebenden Thailänderin, die zu den Stammgästen zählt.

Der Schärfegrad ist bei allen Gerichten (auf der Karte stehen insgesamt 15 Vorspeisen und 50 Hauptspeisen) individuell wählbar – von leicht, mittel und sehr scharf bis hin zu »thai scharf«. Und wer schon etwas Erfahrung mit thailändischem Essen hat, nennt einfach die Zutaten, die er sich wünscht. Es lassen sich sogar spezielle thailändische Gerichte wählen, die nicht auf der Karte stehen, allerdings nur auf Vorbestellung. Und wer sich den Namen Pad Thai nicht merken kann, bestellt einfach »Gebratene Nudeln mit dicker Soße«.

Adresse Gräfstraße 68, 81241 München-Pasing, Tel. 089/51771444, www.thai-dala.de | MVV S2–S4, S6, S8, S20, Haltestelle Bahnhof Pasing,10 Minuten zu Fuß; Tram 19, Bus 56, 57, 130, Haltestelle Rathaus Pasing, von dort über Bäckerstraße 7 Minuten zu Fuß | Öffnungszeiten täglich außer Di 11–20 Uhr; keine Kartenzahlung | Tipp Neben der Terrasse von Feinkost Gulet am Nordausgang des Pasinger Bahnhofs steht seit über einem Jahr ein kleiner Eisstand mit sehr empfehlenswerten Eissorten, besonders köstlich ist das Pistazieneis.

82 Tivoli Pavillon

Abseits des Trubels

Unter den Gästen seien viele Altschwabinger, sagt die Bedienung. »Und auch viele, die sich verlaufen«, fügt sie hinzu. Das ist nicht nur so dahergesagt. Wie leicht man sich hier, im weniger stark besuchten nördlichen Teil des Englischen Gartens, verlaufen kann, weiß ich aus eigener Erfahrung. Der auf den ersten Blick unscheinbar wirkende Tivoli Pavillon steht 200 Meter entfernt vom Hirschau-Biergarten, direkt an der den Englischen Garten durchquerenden Gyßlingstraße, die am nahen Isarring beginnt und kurz vor dem Stauwehr Oberföhring endet.

Der holzverkleidete Kiosk mit spitz zulaufendem Dach ist umgeben von dicht stehenden, hohen Bäumen, selbst mitten im »Biergarten«-Areal wachsen vereinzelt Bäume und Sträucher. Es herrscht eine ganz spezielle, fast mystische, aber nicht unheimliche, sondern angenehme Stimmung unter den unterschiedlichen Grüppchen und allein sitzenden Menschen. Eine phantastische luzide Atmosphäre, wozu auch die riesigen urtümlichen Baumarten und die nahen Wiesenflächen, die zu einem Mittagsschläfchen einladen, beitragen. Man kann sich hier hinsetzen, wo man will, der Garten hat keine Begrenzung. Ein Gast hat sich einen Stuhl genommen und sich etwas abseits in die Sonne begeben. Etwa 20 Meter entfernt, nahe einer verwaisten Boccia-Bahn, sitzt eine vertraute Runde aus etwa zehn Personen auf einer grünen Wiese im Halbschatten unter einem Baum.

Das leise, aber beständige Hintergrundrauschen des nahen Isarrings stört niemanden, es passt sogar irgendwie zur Normalität und Unaufgeregtheit dieses Ortes. Gelegentlich kommen Musiker vorbei, die hier spontan zusammen spielen. Die übersichtliche Speisekarte bietet günstige Gerichte wie Fleischpflanzerl, Obazda, Leberkäs mit Kartoffelsalat, die Konstantin, seit 2022 der neue Betreiber des Kiosks, gelegentlich sogar selbst zum Tisch bringt. Es gibt sogar frisch gezapftes Bier.

Adresse Gyßlingstraße 10, 80805 München-Schwabing-Freimann, Tel. 089/3612171 | **MVV** U3, U6, Haltestelle Münchner Freiheit; Bus 59, Haltestelle Osterwaldstraße | **Öffnungszeiten** täglich 10.30–19.30 Uhr | **Tipp** Wer eine größere Mahlzeit zu sich nehmen will, kehrt noch im Hirschau-Biergarten ein, der zu Fuß in drei Minuten zu erreichen ist.

83 Trattoria Mamma Anna

Unter Linden

In dem lauschigen Biergarten mit mindestens einem Dutzend Sommer- und Winterlinden lässt es sich gut aushalten, in der Sonne plätschert ein Brunnen, aus den Lautsprechern ertönt leise schon mal gehörte Musik italienischer Cantautori, es ist schön normal hier, entspannt und unaufgeregt, auch das freundliche Personal trägt dazu bei. Dass ab und zu mal ein Auto vorbeifährt, stört nicht, die seit 2018 bestehende Trattoria Mamma Anna liegt in einem Wohngebiet an der Aubinger Landstraße, nicht gerade im Zentrum von Gräfelfing, sondern an der nordwestlichen Grenze zu Neuaubing. Der Bus der Linie 267 hält direkt vor dem Lokal, von den S-Bahnhöfen Neuaubing und Lochham aus sind es zehn Minuten zu Fuß.

Auf der reichhaltigen Speisekarte stehen sage und schreibe fast 40 Pizzen, unter denen man wählen kann. Es gibt auch mehrere ohne Tomatensoße. Und es wird darauf hingewiesen, dass die Pizza gern nach den Wünschen der Gäste belegt werden kann. Ein schöner Service. Die bestellte Pizza Diavola ist groß und hat einen schönen dünnen Boden. Die Salami ist von guter Qualität und angenehm pikant, genau die richtige Schärfe in Kombination mit den Peperoni und der fein gewürzten Soße. Die Pizza Vitello mit Kalbfleisch, Thunfischcreme und Kapern und die Pizza Noce mit Gorgonzola, Walnuss und Zucchini klingen interessant und werden für den nächsten Besuch vorgemerkt.

Manche Gäste kommen allein wegen der Pizza, aber viele schätzen auch besonders die Pasta, die es ebenfalls in zahlreichen Variationen gibt. Sehr beliebt sind auch der Vorspeisenteller, das Tatar, das Carpaccio, die Saltimbocca und das Tiramisu. Neben der umfangreichen Standardkarte gibt es noch eine für die Woche und eine günstige Mittagskarte. In der kälteren Jahreszeit kann man es sich in einem beheizbaren Zelt gemütlich machen oder gleich die stimmig eingerichteten Gasträume aufsuchen.

Adresse Aubinger Straße 55, 82166 Gräfelfing, Tel. 089/8576660, www.trattoria-mammaanna.de | **MVV** S6, Haltestelle Lochham; S8, Haltestelle Neuaubing; Bus 267, Haltestelle Lochham Waldheimstraße | **Öffnungszeiten** Mo – Fr 11.30 – 14.30 und 17 – 23.30 Uhr, Sa 17 – 23.30 Uhr, So 12 – 23.30 Uhr | **Ausstattung** Spielplatz | **Tipp** Griechisch essen kann man gut und günstig in der Taverna Lemoni, einer Sportgaststätte in der Papinstraße 22 in Neuaubing.

84__Viet Village Restaurant

Vietnamesische Genussküche

Pasing hat sich in den letzten Jahren deutlich verändert. Der Bahnhof wurde umgebaut, mit der Nordumgehung wurde der Verkehr um den Pasinger Ortskern herumgeleitet. Ein riesiges Einkaufszentrum – die Pasing Arcaden – lockt Menschen aus vielen Teilen Münchens und der Umgebung an. Pasings Ortskern hat sich zu einem modernen Viertel gewandelt, was man ihm anfangs gar nicht zugetraut hätte. Die Proteste gegen die Umleitung der Tram-Linie 19, die heute durch die Bäcker- und die Gleichmannstraße fährt, sind noch in guter Erinnerung.

Und doch gibt es im Ortskern noch viele alte Winkel und Straßenzüge, die sich nicht oder kaum verändert haben und das vertraute Pasing-Gefühl hervorrufen, etwa in der nach dem Rathaus verlaufenden südlichen Bäckerstraße. An der ruhigen Ecke Bäcker-/Bodenstedtstraße liegt das Viet Village, ein kleines vietnamesisches Lokal mit einem lauschigen grünen Garten. Abends brennen über den Köpfen stimmungsvolle Lampions, man sitzt im Angesicht eines in sich ruhenden Buddhas, von dem es auch im stilvoll eingerichteten Innenraum mehrere gibt.

Die traditionelle Küche, die hier serviert wird, ist perfekt angerichtet. Man verliebt sich gleich beim Anblick in dieses Essen und schaut neugierig zu den Nebentischen. Aus der Mittagsmenü-Karte kann man zwischen 16 preisgünstigen Hauptspeisen wählen. Bereits die Vorspeise, eine herrlich duftende und geschmackvolle Suppe mit grünen Kräutern, überzeugt. Die zwei frittierten Frühlingsrollen des Nachbarn machen ebenfalls Appetit – die Tische stehen so dicht, dass man gar nicht anders kann, als hinzusehen.

Das Marktgemüse zur fein gewürzten Ente ist frisch und bissfest. Das zarte Rinderfilet hat eine sanfte, an den europäischen Gaumen angepasste Schärfe. Der Genießer studiert die Standardkarte vor dem nächsten Besuch. Dumplings und Quan Do zum Selberrollen gibt es auch. Abends sollte man besser reservieren.

Adresse Bodenstedtstraße 58, 81241 München-Pasing, Tel. 089/97317297, www.vietvillage.restaurant | MVV S-Bahn Bahnhof Pasing; Tram 18, 19, Haltestelle Rathaus Pasing | Öffnungszeiten täglich 11.30 – 14.30 und 17.30 – 23 Uhr | Tipp Am Nachmittag kann man auf der gemütlichen Südterrasse der Pasinger Fabrik die Sonnenstrahlen genießen. Die Cantina hat eine gut durchdachte Speisekarte mit vielen kleinen Gerichten, darunter vegane und vegetarische Speisen zu moderaten Preisen, und eine günstige Mittags- und Tageskarte.

85__Wais Küche

Authentische südchinesische Küche

»Die das Herz berühren«, das heißt Dim Sum wörtlich übersetzt. Gibt es eine vergleichbar schöne poetische Bezeichnung für ein deutsches Essen? Mir fällt keine ein. Dim Sums sind die Leidenschaft von Koch Chi Wai Leong in diesem familiengeführten »Feinkost-Bistro« unweit des Karolinenplatzes.

Die Herstellung von Dim Sum ist ein traditionelles Kochhandwerk, das vor langer Zeit in Südchina (Hongkong, Macau, Guangdong) entstanden ist. Und Papa Wai, wie ihn seine Familie nennt, hat es genau in dieser Region gelernt. Bereits mit 20 Jahren war er Dim-Sum-Meister.

Lange Zeit arbeitete er als Koch in Restaurants in Hongkong und Macau, daneben hat er zahlreiche Schüler in diesem Handwerk unterrichtet und ausgebildet. Seit 1992 war er in verschiedenen Restaurants in München tätig. Das Bistro in der Prinz-Ludwig-Straße betreibt die aus Macau stammende Familie seit 2021. Obwohl das kleine Lokal verborgen in einer Nebenstraße liegt, ist es meistens gut besucht. Der Anteil der Stammgäste ist hoch. Diese schätzen die authentischen Speisen macaunesischer Art, die hier eine unverwechselbare Qualität und Optik haben. Die Hauptgerichte mit gebratenem Hühner-, Rindfleisch, Gemüse oder gebratenen Garnelen werden in verschiedenen Variationen angeboten, unter anderem in Kung-Pao-Soße mit Cashewnüssen, in einer Soße mit fermentierten schwarzen Bohnen, in einer sehr beliebten Curry-Mango-Soße oder in ebenfalls hausgemachter Erdnuss- oder Süßsauersoße (aus Bio-Obst und chinesischem Sanddorn). Vieles ist nur »dezent scharf«. Doch von der hausgemachten Chilisoße wird gern nachgereicht.

Beliebt sind auch die Frühlingsrollen, die Nudelsuppen mit Teigtaschen und die Nudelgerichte mit Currysoße, eine Spezialität aus Macau, die vergleichbar ist mit italienischer Pasta. Und nicht zu vergessen das Highlight: die vielfältigen handgemachten Dim Sums, die es auch als Tiefkühlware zum Mitnehmen gibt.

Adresse Prinz-Ludwig-Straße 6, 80333 München-Maxvorstadt, Tel. 089/32609618, www.waiskueche.de | **MVV** Tram 27, 28, Haltestelle Karolinenplatz; U2, U8, Haltestelle Königsplatz | **Öffnungszeiten** Mo–Fr 11–15 und 17.30–20 Uhr; Kartenzahlung möglich | **Tipp** Die meterlange Schlange vor dem Ballabeni Icecream (Theresienstraße 46) gleich gegenüber vom Museum Brandhorst sieht man schon von Weitem. Das Warten lohnt sich.

86_Waldheim Gräfelfing

Der Gesundheit zuliebe

Mitten im dichten Wald eines Naturschutzgebietes befindet sich dieses ungewöhnliche, öffentlich zugängliche Vereinsheim mit Ausschank. »Es war mal ein Geheimtipp, aber es hat sich rumgesprochen«, sagt der freundliche Herr am offenen Schankfenster. Leute kämen von überallher, etliche aus Germering und anderen umliegenden Orten. Viele mit dem Rad, manche mit dem Auto. Vom S-Bahnhof Gräfelfing sind es 15 Minuten zu Fuß. Ich bin mit dem Rad aus Pasing kommend bis Gräfelfing an der Würm entlanggefahren. Schon wenn man in die Villengegend hinter dem Bahnhof einbiegt, riecht man das Harz der Nadelbäume. Die im Harz enthaltenen Duftstoffe, sogenannte Terpenoide, dienen übrigens nicht nur der Abwehr gefräßiger Insekten und der Kommunikation mit anderen Bäumen, sondern stärken, wie neuere Forschungen zeigen, das menschliche Immunsystem und sind stress- und blutdrucksenkend. Also auf zum Waldheim! Das riesige Gelände auf der grünen Wiese bietet unendlich viel Platz. Die Gartenmöbel für insgesamt 300 Personen sind in großem Abstand voneinander aufgestellt. Der Blick auf den dichten Wald und die weitflächige Wiese, auf der mehrere Bäume stehen, entspannt unmittelbar. Da stört auch das leise Grundrauschen der fernen Autobahn nicht.

Seit 2023 hat das Waldheim mit dem Koch Klaus Zörner und Ute Sturm, der noch ein Käse- und Spezialitätengeschäft in der Bahnhofstraße gehört, neue gastronomieerfahrene Pächter. Angefangen bei einem einfachen Schnittlauchbrot reicht die Palette über Obazda, Hummus, Antipasti und Käseplatte bis hin zu warmen Speisen wie Wiener, Käsekrainer, Pellkartoffeln mit Kräuterquark und veganem Curry. Zudem gibt es wechselnde Tagesgerichte. Das Bier ist vom Augustiner.

Das Waldheim existiert seit dem Jahr 1924, seitdem ist es im Besitz des Evangelischen Handwerker-Vereins. Zum Gelände gehört ein großer Spielplatz, daher ist das Areal auch für Familien ideal.

Adresse Geigerstraße 33, 82116 Gräfelfing, Tel. 089/851914, www.waldheim-graefelfing.de | **MVV** S6, Haltestelle Gräfelfing, von dort 15 Minuten Fußweg | **Öffnungszeiten** 1. Mai–15. Okt. Di–Sa 12–22 Uhr, So 11–22 Uhr; keine Kartenzahlung | **Ausstattung** mehrere Parkplätze, sehr großer Spielplatz | **Tipp** Im winzigen, aber sehr gemütlichen Eiscafé Italia in der Bahnhofstraße 94a kostet die Kugel Eis noch 1,50 Euro, und das Spaghettieis ist legendär.

87_Waldrestaurant Bergl

Das älteste Wirtshaus in Schleißheim

Wer zum Waldrestaurant Bergl will, muss durch den Berglwald, denn es liegt mittendrin. Vom S-Bahnhof Oberschleißheim sind es 15 Minuten zu Fuß, viele fahren mit dem Rad. Das Bergl ist das älteste noch erhaltene Wirtshaus in Schleißheim, mit einer Historie, die ihren Ursprung im Jahr 1600 hat. In dieser Zeit ließ der bayerische Herzog Wilhelm V., der Fromme genannt, in der Nähe zu Ehren von Ignatius von Loyola, des Gründers des Jesuitenordens, eine Kapelle und einen Kalvarienberg mit Kreuzigungsgruppe und am Ort der heutigen Gaststätte eine Klause errichten. 1803 wurde in der ehemaligen Klause der Bier- und Speisenausschank »Zum Kalvarienberg« eröffnet. Auf die hügelartige Pilgerstätte beziehen sich auch die Namen des Waldes und der späteren Gaststätte. 1884 ersteigerte der Urgroßvater der heutigen Eigentümerin Christl Putz das Anwesen. Das Familienunternehmen besteht nun schon seit mehreren Generationen.

»Gutbürgerliche Küche« steht auf dem bunt bemalten Wirtshausschild. Man betritt den Biergarten durch ein schmales Eingangstor. Im Garten kann man sich auf Stühlen nahe der mit Rosen bewachsenen Hauswand niederlassen oder die Bierbänke auf der grünen Wiese wählen. Alles ist von Schatten spendenden Bäumen umgeben. Essen und Getränke holt man sich an großen, offenen Fenstern, an denen Kreidetafeln die Orientierung erleichtern. Die Preise sind günstig bis moderat. Unter den Hauptgerichten sind Ente, Schweine- und Sauerbraten mit Knödeln und Salat, Bratensülze mit Brot oder Bratkartoffeln, Zanderfilet und gefüllte Kartoffeltaschen. Hausmannskost, die nicht nur appetitanregend aussieht, sondern auch sehr gut schmeckt. Selbst der Beilagensalat überzeugt.

Die gemütliche, familiäre Atmosphäre des Gartens, die Stille und die wohltuende Waldluft lassen einen gern länger verweilen und irgendwann zu Kaffee und hausgemachtem Kuchen übergehen. Der Kirschkuchen ist eine Sünde wert.

Adresse Bergl 1, 85764 Oberschleißheim, Tel. 089/3150105 | MVV S1, Haltestelle Bahnhof Oberschleißheim | Öffnungszeiten Mo, Di 11.30–18 Uhr, Mi 11.30–15 Uhr, Fr 11.30–18 Uhr, ganzjährig, entweder Wirtshausstuben oder Biergarten | Ausstattung großer Parkplatz vor dem Restaurant | Tipp In der Flugwerft Schleißheim, einer Außenstelle des Deutschen Museums, sind 74 historische und moderne Fluggeräte sowie Motoren und Triebwerke aus Luft- und Raumfahrt zu besichtigen.

88 Waldschwaigstüberl

Geliebte Hausmannskost

In der Nähe des Waldschwaigsees im Nordwesten von München liegt dieses renovierte kleine Waldgasthaus, das schon seit den 1970er Jahren in Betrieb ist. Seit 2007 wird es in dritter Generation von Petra Zahn geleitet, unterstützt von ihrer Mutter und ein paar Mitarbeitern. Das herrlich altmodische, sehr gemütliche Stüberl mit Wintergarten ist an diesem Sommertag verwaist. Alle sitzen an Bier- oder Gartentischen auf der von hohen Nadel- und Laubbäumen umgebenen, saftig grünen Wiese oder an der Hauswand. Auf dem Waldschwaigweg galoppieren langsam ein paar Pferde vorbei. Der Duft der Bäume und die Ruhe hier am Waldrand tun gut. Unter den Besuchern sind viele Stammgäste aus der näheren Umgebung und aus München, die nicht nur die solide Hausmannskost, sondern auch die familiäre Atmosphäre schätzen. Manche haben das versteckt liegende Lokal eher zufällig entdeckt, meist beim Besuch des nahen Waldschwaigsees.

Die handgeschriebene Speisekarte passt auf eine Seite und wechselt täglich. Das Lieblingsessen aller sei der Schweinebraten, den es nur sonntags ab 12 Uhr oder auf Vorbestellung gibt, sagt die Wirtin. Gekocht werde stets mit regionalen Produkten und ohne Glutamat. Neben dem Schweinebraten mit den leckeren Knödeln loben Gäste unter anderem das Cordon bleu, die Rindsrouladen sowie den hausgemachten Kartoffelsalat. Zudem werden mehrere Fischgerichte angeboten, zum Beispiel Matjes mit Bratkartoffeln oder Fischbrötchen mit Zwiebeln. Alles zu recht günstigen Preisen.

Seit Corona ist das heimelige Gasthaus leider nur noch an drei Tagen in der Woche geöffnet. Ein Besuch des Waldschwaigstüberls lässt sich gut mit einer Radtour verknüpfen. So könnte man zum Beispiel von Pasing, Obermenzing oder Allach aus den Radweg an der Würm entlang nehmen und auf die Silberstraße und später zum Waldschwaigweg abbiegen. Es ist eine wenig befahrene Strecke – ideal für eine entspannte Radtour.

Adresse Waldschwaigweg 4, 85757 Karlsfeld, Tel. 08131/81031 | MVV Gaststätte mit öffentlichen Verkehrsmitteln schwer zu erreichen, nächster S-Bahnhof Karlsfeld 3,5 Kilometer entfernt, besser mit dem Fahrrad | Öffnungszeiten ganzjährig Mi 10–20 Uhr, Fr 10–21 Uhr, So 10–21 Uhr, Nov.–Mai Mi, Fr und So nur bis 19 Uhr; keine Kartenzahlung | Tipp Im zwei Kilometer entfernten Beerengarten Rothschwaige kann man Erdbeeren, Himbeeren, Heidelbeeren und Johannisbeeren selbst pflücken (www.beeren-garten.de).

89 Waldwirtschaft Bienenheim

Entschleunigte Genussküche

Slow Food, eine 1984 im italienischen Piemont als Reaktion auf das allgegenwärtige Fastfood gegründete Bewegung, ist heute weltweit verbreitet. Ihr Logo ist die Weinbergschnecke. Entschleunigung beim Kochen und Genießen sind entscheidende Faktoren. Frisch zubereitete regionale und saisonale Produkte stehen im Mittelpunkt.

Wolfgang Niederdorfer und Daniela Michaylow hätten es mit ihrem Slow-Food-Restaurant nicht passender treffen können. Ihre Waldwirtschaft, das ehemalige Vereinsheim des seit 130 Jahren bestehenden Lochhausener Imkervereins, liegt am Rand der Aubinger Lohe, einem Landschaftsschutzgebiet im Westen von München, das einen Abstecher lohnt. Die hier wachsenden Wildkräuter haben es nicht weit bis auf die Teller der Gäste. Und die Parzellen des Imkervereins, die abgesehen von den zahlreichen Bienenstöcken denen einer Schrebergartenanlage ähneln, grenzen unmittelbar an den Biergarten der Waldwirtschaft. Selbstredend, dass auch Honig den Weg in so manches Gericht findet.

Die Speisekarte mit bayerisch-österreichischer Landküche ist übersichtlich, was auch damit zusammenhängt, dass Wolfgang Niederdorfer nicht nur alles frisch zubereitet, sondern am liebsten allein kocht. Die einheimischen Kräuter tauchen in diversen Wildkräutersalaten und vegetarischen Gerichten auf. Zwischen Ochsengulasch, Maishühnchen, Entenbratwurst, Böfflamot, Wiener Schnitzel, Steak und zwei Schweinebraten, einem gewöhnlichen und einem sogenannten »Imkerbraten« mit Dunkelbier-Honig-Soße, entscheiden wir uns für Letzteren. Entgegen unserer Erwartung – wir haben bewusst viel Zeit mitgebracht – steht der Imkerbraten bereits fünf Minuten später auf dem Tisch. Der Braten mit rescher Kruste und geschmorten Möhren ist ein echtes Geschmackserlebnis. Auch das dazugehörige Bayerisch Kraut überzeugt mit einem herzhaft-deftigen Aroma und frischen Kräutern.

Adresse Bienenheimstraße 11, 81249 München-Lochhausen, Tel. 089/89555927, www.waldwirtschaft-bienenheim.de | MVV Bus 162, Haltestelle Federseestraße; S3, Haltestelle Lochhausen Bahnhof | Öffnungszeiten unterschiedlich je nach Jahreszeit bzw. Monat, Infos siehe Website | Ausstattung kostenlose Parkplätze, Spielplatz im Biergarten | Tipp Die Kräuterpädagogin Rita Demmel bietet geführte Kräuterwanderungen durch die Aubinger Lohe an – mit anschließendem Kräutermenü in der Waldwirtschaft (www.wilde-moehre-muenchen.de).

90 Wasserberghäusl

Wo Auguste Renoir malte

Wer keinen der großen, überlaufenen Seen in der Umgebung Münchens besuchen will, fährt mit der S-Bahn zum Weßlinger See. Vom S-Bahnhof Weßling (ab 2024 barrierefrei) sind es nur 600 Meter bis zum See, der mitten in dem kleinen Ort liegt. Schon der berühmte Maler Auguste Renoir hat sich gern hier aufgehalten und gemalt. 1910 verbrachte er auf Einladung eines Kunsthändlers den Sommer in einem Haus am Weßlinger See. Münchner Maler hatten bereits zuvor, um 1870, diese reizvolle Idylle entdeckt und ihre Staffeleien aufgestellt, um die sich im Licht wandelnden Stimmungen einzufangen. Auch heute noch sieht sich die Gemeinde gern als Künstlerdorf.

Das Wasserberghäusl ist ein an einem ausgebauten Steg liegender Kiosk am Ostufer des Weßlinger Sees; er existiert schon seit über 40 Jahren. Seit 2017 wird er von dem gebürtigen Weßlinger Claudius Brudnjak geführt. Neben Wienern mit Breze gibt es auch Bärlauchsuppe, ein Pastrami-Sandwich mit Sauerkraut, Hummus mit Paprika und Röstbrot und andere wechselnde Speisen zu günstigen Preisen. Selbst die Flaschenbiere (Andechser, Flötzinger, Tannenzäpfle), die ausgesuchten offenen Weine und die Longdrinks sind erschwinglich. Genießen kann man das alles bei einem atemberaubenden Blick auf diesen kleinen See mit den gegenüberliegenden eingewachsenen Ufern, dem Café auf der anderen Seite, den zwei Kirchen, die eine mit einer imposanten, 18 Meter hohen Zwiebelhaube, die in den letzten Jahren zusehends hinter einem Baum verschwindet. Sitzmöglichkeiten gibt es zahlreiche auf dem Steg – mitten auf dem Wasser – oder rund um den Kiosk, im Schatten oder in der Sonne, auf Garten-, Liegestühlen oder Bänken. Hier findet man immer einen Platz. Manchmal sieht man ein paar Köpfe im Wasser, rechts und links vom Kiosk befinden sich Badeufer. Besonders eindrucksvoll ist hier der Sonnenuntergang zu erleben. Tausendmal besser als Fernsehen.

Adresse Obere Seefeldstraße 20, 82234 Weßling, Tel. 08153/8871788, www.wasserberghaeusl.de | MVV S8, Haltestelle Weßling | Öffnungszeiten Mai–Sept. bei gutem Wetter täglich 12–20 Uhr, Nebensaison Sa, So ab 12 Uhr, Nov. und Dez. geschlossen | Tipp Im traditionsreichen Café auf der gegenüberliegenden Seeseite gibt es nicht nur ein exzellentes Kuchen- und Tortenangebot, sondern auch ein umfangreiches Frühstück und kleine Speisen. Es wird von der Familie Aenishänslin in vierter Generation geführt.

91 Wilder Hirsch

Ein cooles Stüberl

Sand unter den Füßen, Sonne, die durch das lichte Blätterdach der hohen Laubbäume fällt, der Blick auf die schnell vorbeiströmende Würm, die Liegestühle, der Strandkorb – der ideale Ort, um sich eine Auszeit vom Alltag zu nehmen. Man kann hier auch richtig gut und preiswert essen. Wir sind im Wilden Hirschen, einem urgemütlichen Stüberl mit ungewöhnlich atmosphärischem Garten mitten in Gräfelfing.

In der von der Straße etwas unscheinbar aussehenden Holzhütte war früher eine Werkstatt, dann eine Videothek, später ein Kiosk. 2006/2007 wurde es in mehreren Monaten zum heutigen Lokal umgebaut. Beim Eintreten ist man überrascht, wie behaglich es drinnen ist. Der warme Ton des Holzes, die in der verwinkelten Stube dicht stehenden Holztische, die Tierfelle, der alte Kronleuchter, die historischen Aufnahmen und Gerätschaften, die aus dem Gebälk hinunterschauenden Greifvögel, die Geweihsammlung an der Wand – all das wirkt nicht kitschig, sondern ist wohlüberlegt, mit Sinn fürs Detail gestaltet. Zusammen mit dem kleinen Biergarten direkt an der Würm ein sehr gelungenes Ensemble.

Wer wenig Hunger hat, findet auf der Speisekarte, die in digitaler Fassung an der Wand hängt, Brotzeiten, Salate und eine empfehlenswerte Kartoffelsuppe mit oder ohne Wiener. Für die anderen gibt es zum Beispiel einen zarten Zwiebelrostbraten mit einer kräftigen, nicht zu dominanten Soße, Bratkartoffeln und krossen Röstzwiebeln. Auch das Rumpsteak mit Grillgemüse und die hausgemachten Käsespätzle machen einen sehr guten Eindruck. Täglich stehen zwei wechselnde Gerichte auf der Karte. Sogar die Vorlieben der Rheinländer werden berücksichtigt: Neben Augustiner vom Fass und Unertl gibt es auch Früh Kölsch und Alt (Uerige).

Dass der Wilde Hirsch in den letzten Jahren seinen Geheimtippstatus verloren hat, zeigen die auf Wochen und Monate hinaus ausgebuchten Samstage. Für Feiern jeder Art ist diese Location prädestiniert.

Adresse Pasinger Straße 1B, 82166 Gräfelfing, Tel. 089/85896598, www.wilderhirsch.de | MVV Bus 265, 268, Haltestelle Gräfelfing, Pasinger Straße; S6, Haltestelle S-Bahnhof Gräfelfing, von dort 14 Minuten zu Fuß | Öffnungszeiten Di – Do 17 – 24 Uhr, Fr 11 – 24 Uhr, Sa 15 – 24 Uhr, So 11 – 24 Uhr | Tipp Die nahen Liegewiesen an der Würm (zu Fuß in nördlicher Richtung in zehn, mit dem Rad in vier Minuten erreichbar) sind nie überlaufen, und in der Strömung der Würm kann man sich treiben lassen.

92 Winkelstüberl

Das 100-jährige Haus

Auch dieses Kleingartenlokal liegt in Sendling-Westpark. Von der Westendstraße sieht man es kaum, von dort geht man noch 100 Meter über einen kleinen Weg, den Eduard-Stadler-Winkel. Das Lokal befindet sich mitten im Wohnviertel in einer parkähnlichen Umgebung hinter den Kirchengebäuden von St. Philipp. Direkt am Stüberl ist der Eingang zur Kleingartenanlage.

Das dunkle Holzhaus mit Ziegeldach und dem neben dem Ziegelschornstein thronenden hübschen Glockenreiter hat eine über 100-jährige Geschichte. Es entstand während des Ersten Weltkriegs als Unterkunft der Gartenaufsicht, verwandelte sich mit der Zeit in ein Vereinsheim und in den 1960er Jahren in eine öffentlich zugängliche Gaststätte mit großem Gastraum. Später kam dann die idyllische Gartenterrasse hinzu, die sich bis weit über die grüne Wiese ausbreitet. In den 1970er Jahren hätte das Winkelstüberl eigentlich dem Kirchenareal St. Philipp weichen sollen, doch heftige Proteste der ansässigen Bürger und Stammgäste führten zum Umdenken. Der Bauplan der Kirche wurde modifiziert.

Geführt wird das Gartenlokal seit Juli 2023 von Petar Krolo, der beim Augustiner gelernt und lange im Spatenhaus als Koch gearbeitet hat. Natürlich steht die deutsche Küche im Vordergrund, aber es gibt auch einige internationale Gerichte. Von den Gästen werden das Schweinefilet mit Pfeffersoße und Kartoffelröstis und die Allgäuer Käsespätzle mit Röstzwiebeln gelobt. Dass mit hochwertigen Zutaten gearbeitet wird, schmeckt man. Im Frühjahr 2024 wird die Küche des Lokals vergrößert, was zu einer noch umfangreicheren Speisekarte führen wird. Im Winkelstüberl trinkt man zum Essen gern ein Löwenbräu vom Fass, und das schon seit 1925. In jenem Jahr begann die Zusammenarbeit mit der Löwenbrauerei.

Auf dem Deckenfries des Stüberls hat Wolfgang Prinz die jüngste Geschichte Münchens und des Winkelstüberls hintersinnig beleuchtet.

Adresse Kleingartenanlage NO 18, Eduard-Stadler-Winkel 3, 80686 München-Sendling-Westpark, Tel. 089/54726285, www.winkelstueberl-muenchen.de | MVV Tram 18, Haltestelle Fachnerstraße oder Säulingstraße; U4, U5, Haltestelle Westendstraße | Öffnungszeiten Mo–Fr 10–14.30 und 17–22 Uhr, Sa 10–23 Uhr, So 10–22.30 Uhr | Ausstattung Spielplatz | Tipp Wer Münchens ältestes Open-Air-Kino »Mond & Sterne« besucht, kann auf den Natursteinstufen der Seebühne im nahen Westpark Filme genießen. Geöffnet ist von Anfang Mai bis September, zu Fuß erreicht man es in zehn Minuten über die Westendstraße.

93_Wirtshaus zur Gass

Am größten See im Landkreis Ebersberg

Mittags an einem Werktag mitten im Sommer ist der Garten gut besetzt. Nicht nur der Parkplatz am Haus ist voll, auch am Straßenrand parken Autos, die Hälfte mit Ebersberger, die andere Hälfte mit Münchner Kennzeichen. Die meisten Sitzplätze des Biergartens verteilen sich im Eingangsbereich unter Kastanienbäumen, den schönsten Blick auf den nahen Egglburger See und die weiten Wiesen und Wälder hat man jedoch von den Bänken an der westlichen Hauswand. Das Wirtshaus zur Gass, das über 100 Jahre bis in die vierte Generation von der Familie Andres geführt wurde, wurde 2017 von Manuel Hütz und seiner Familie gepachtet und 2023 gekauft. Die Küche hat laut Website eine »bayerisch-alpine Ausrichtung«. Das beliebteste Gericht? Da muss der Wirt und Koch Manuel Hütz nicht lange überlegen: die Kaspressknödel seien der Renner. Eine österreichische Spezialität, die im Lokal als Hauptgericht mit gebratenen Schwammerln, Salat und Parmesan oder als Kaspressknödelsuppe angeboten wird. Zwei weitere für ein bayerisches Gasthaus eher ungewöhnliche Gerichte sind die »Cataplana Egglsee«, ein Fischeintopf für zwei Personen, und das »Reindl-Essen« für zehn Personen, bestehend aus verschiedenen Braten mit Knödeln und einem 15-Liter-Fass Forstinger Ur-Hell zum Selbstzapfen. Ansonsten stehen überwiegend klassische bayerische Speisen auf der Karte, ergänzt durch eine separate Pizzaseite, die wiederum mit einigen ausgefallenen Kombinationen auffällt.

Wer die beliebte Ausflugsgaststätte besucht, könnte dies verknüpfen mit einem einstündigen Spaziergang um den Egglburger See oder mit einem 30-minütigen Spaziergang vom Klostersee durch die wilde Natur an den Ufern der Weiherkette Ebersberg entlang zum Egglburger See und von dort zum Wirtshaus. Das Freibad am Klostersee ist übrigens kostenlos. Zum Klostersee kommt man vom Bahnhof Ebersberg mit den Buslinien 445 oder 446 oder zu Fuß in 20 Minuten.

Adresse Egglsee 3, 85560 Ebersberg, Tel. 080/79221558, www.zurgass.de | MVV S4, S6, Haltestelle Ebersberg, von dort 25 Minuten zu Fuß; Bus 440, 442, Haltestelle Eichenallee, von dort 10 Minuten zu Fuß | Öffnungszeiten Di – Sa 11 – 22 Uhr, So 11 – 17 Uhr | Ausstattung Parkplatz | Tipp Vom Freibad Klostersee aus erreicht man nach 10 Minuten Fußweg (ausgeschildert) einen 35 Meter hohen, über 100 Jahre alten Aussichtsturm, von dem sich ein Ausblick auf das gesamte Voralpenland bietet.

94 Würmseestüberl

Der Blick reicht bis Starnberg

Der Name des Lokals erinnert daran, dass der Starnberger See ursprünglich Würmsee hieß, benannt nach dem einzigen Fluss, der im Norden aus dem See fließt. Seinen heutigen Namen hat er offiziell erst seit 1962.

Ein schmaler Fußweg führt von der Hauptstraße an der Kirche St. Michael vorbei hinunter zum Würmseestüberl, das direkt an der Seepromanade liegt, etwa 200 Meter vom Schiffsanlegesteg Seeshaupt entfernt. Die Seepromenade wird auf Höhe des Stüberls zum Feldweg, der oberhalb der Hütte vorbeiführt.

Das holzverkleidete Würmseestüberl mit Kamin und Fensterblick auf den See ist extrem gemütlich. Bei schlechtem Wetter und in der kalten Jahreszeit sicher ein lauschiges Plätzchen. Über zwei offene Selbstbedienungsfenster werden die Speisen und Getränke für den Biergarten ausgegeben, der an einem heißen Sommertag schon um die Mittagszeit gut besucht ist. Eine Reihe von Liegestühlen ist unmittelbar am Wasser positioniert. Der Blick von hier reicht an manchen Tagen bis nach Starnberg am Nordufer des Sees. Unter den Gästen finden sich gleichermaßen Einheimische wie Touristen, von denen manche das etwas versteckt liegende Stüberl wohl eher zufällig entdeckt haben. Es ist nach wie vor ein Geheimtipp. Das einfache, bodenständige Essen wird von den Gästen geschätzt. Die Auswahl reicht von Fleischpflanzerl, Currywurst mit Pommes, Flammkuchen, Wurstsalaten, Obazda und Ofenkartoffel bis hin zu Saibling, Renke und gelegentlichem Steckerlfisch. Es gibt auch wechselnde Tagesgerichte, dienstags bis donnerstags sogar preiswerte Mittagsmenüs.

Seit 2019 ist Ante Ledič, der seit 2014 auch den Sonnenhof in Seeshaupt betreibt, der neue Pächter des Würmseestüberls. Sein Vorgänger Andi Lidl ist weiterhin für den Bootsverleih und die Badewiese mit Steg direkt neben dem Stüberl zuständig.

Adresse Seepromenade 10, 82402 Seeshaupt, Tel. 08801/2689, www.wuermseestueberl.com | MVV S6, Haltestelle Tutzing, weiter mit RB 66 oder RB 6 bis Seeshaupt Bahnhof, von dort 20 Minuten zu Fuß | Öffnungszeiten 1. April – 22. Dez., genaue Zeiten siehe Website; keine Kartenzahlung | Tipp »Unsere Dorfwirtschaft« mitten in Seeshaupt bietet eine moderne, kreative Küche mit kleinen und großen Gerichten (etwa Fish'n'Chips aus heimischer Renke) und einer Craftbier-Karte.

95__Würmtalhof

Moderne bayerisch-österreichische Küche

»Neueröffnung Idyllischer Wirtsgarten hier an der Würm …« steht auf dem Schild an der Behringstraße, dem unmittelbar an der Würm entlangführenden Lieblingsradweg vieler Menzinger. Der winzige Biergarten liegt etwas verborgen unter Bäumen direkt am Ufer. Es gibt etwa 30 Plätze – mit Blick auf das vorbeifließende Wasser. »Bitte klingeln für Service« steht auf einer Kreidetafel mit Klingelknopf. Das macht Sinn, denn das zugehörige Wirtshaus befindet sich ein Stück weiter oberhalb an der Eversbuschstraße. So ist der Garten abgeschirmt vom Verkehrslärm.

Zweieinhalb Jahre stand der Würmtalhof leer. Wie sehr die Allacher ihr Wirtshaus vermissten, zeigte sich am Andrang bei der Wiedereröffnung. Seit Mai 2023 sind Michael Dam und seine Familie die neuen Pächter des Hauses, zu dem auch eine Pension gehört. Michael Dam war früher Chefkoch in der Stiglerie und im Le Florida in München.

Auf dem Speiseplan steht bayerisch-österreichische Küche mit hochwertigen regionalen Produkten aus der Umgebung. Die traditionelle Küche wird auf eine erfrischend neue, moderne Art interpretiert. So empfinden es auch die Gäste, die das Bieramisu, Tiramisu mit Weißbier-Sabayon und weißer Schokolade, sehr schätzen, ebenso wie den karamellisierten Kaiserschmarrn, den zarten Schweinebraten, das Münchner Schnitzel mit Senf-Meerrettich-Panade, die Pfanne Allgäuer Kässpatzen mit Bergkäse, Röstzwiebeln und Soße oder das Gulasch, das wie alle Gerichte in einer überragenden Optik auf den Tisch kommt. Dienstags bis freitags zwischen 11.30 und 15 Uhr gibt es zusätzlich drei günstige Mittagsgerichte.

Im Sommer lässt sich ein Besuch des Wirtshauses wunderbar mit einem kleinen Spaziergang oder Radausflug verknüpfen. Etwas oberhalb des Würmtalhofes trifft man auf die verwunschenste, fotogenste Passage der Würm und 1,5 Kilometer südlich auf die wildeste. Selbst Biber sind dort inzwischen wieder heimisch.

Adresse Eversbuschstraße 91, 80999 München-Allach, Tel. 089/8921521, www.wuermtalhof.de | **MVV** S2, Haltestelle Allach, zu Fuß über Vesaliusstraße in 7 Minuten; Bus 160, 164, 165, Haltestelle Vesaliusstraße | **Öffnungszeiten** Di–Sa 11–23 Uhr, So 11–22 Uhr | **Tipp** Das Kaffeetscher'l in der Jennerstraße 2a (20 Minuten Fußweg) ist ein kleines, liebenswertes Café mit gemütlichem Terrassengarten mitten im Wohngebiet.

96 Zhou's Family

Chinesisch essen am Tennisplatz

Aufsehenerregend. Frau Zhou kommt mit dem meterhoch dampfenden und laut brutzelnden Essen um die Hausecke. Ich sitze auf einer der gemütlichen Holzbänke unter dem weit überkragenden Dach und blicke hinunter auf den Tennisplatz. Das quadratische Gebäude wirkt wie geschaffen für ein asiatisches Restaurant, es erinnert entfernt an ein japanisches Teehaus. Die »Acht Schätze« werden in einer in einem Holzbrett eingelassenen gusseisernen Pfanne serviert. Die drei zuvor marinierten Fleischsorten sind zart, die Garnelen, das Gemüse und die verschiedenen Pilze bissfest, die Soße ist sehr pikant.

Die »Acht Schätze« gehören neben Szechuan-Garnelen, Feuereifer (Rindfleisch flambiert mit Schnapssoße), Betrunkener oder Zischender Ente, Mandarin-Hühnchen und Schweinefleisch in Honig-Sesam-Marinade nach Mamas Art zu den Spezialitäten des Hauses. Unter die Abteilung »Schnellgerichte« fallen 16 Gerichte, beginnend mit »Buddhas Speise« (diverse Gemüse aus dem Wok) und einem Tofutopf über gebratene Nudeln und Eierreis bis hin zu Gong Bao und knuspriger Ente in mehreren Variationen. Die Speisekarte liest sich preislich gesehen wie eine mehrseitige Mittagskarte. Und für einen geringen Aufpreis erhält man zudem eine Suppe oder Frühlingsrollen, als alternative Beilage Eierreis, Nudeln oder – etwas aus dem Rahmen fallend – Pommes.

Mehrere Spieler des Tennisvereins haben sich an einem der Nebentische niedergelassen und genießen sichtlich die zwanglose Atmosphäre, an der die Freundlichkeit von Frau Zhou großen Anteil hat. Es ist schwer, sich zwischen dem Innen- und Außenbereich des Restaurants zu entscheiden, denn drinnen sitzt man auch sehr gemütlich in den um die Theke angeordneten Sitznischen unter dem schönen Holzdach.

Vom Bahnhof in Starnberg Nord erreicht man das Lokal zu Fuß über die Leutstettener Straße und den Riedener Weg ein Stück bergauf am Wald entlang in etwa 15 Minuten.

Adresse Riedener Weg 54, 82319 Starnberg, Tel. 08151/8761, www.zhousfamily.de | MVV S6, Haltestelle Starnberg Nord; Bus 901, Haltestelle Starnberg Rosenstraße; Bus 904, Haltestelle Starnberg Franziskusweg | Öffnungszeiten Di–So 11–14.30 und 17–21.30 Uhr | Tipp Das Naturschutzgebiet Leutstettener Moos ist ein sehenswertes Flachmoor nördlich des Starnberger Sees, das von der Würm durchflossen wird. Es gibt einen zehn Kilometer langen Rundwanderweg mit erläuternden Hinweistafeln, und auch durch das Moos führen Wege, die teils als Stege über die Wasserfläche angelegt sind.

97 Zum Alten Wirt

Bayerische Landküche in dörflichem Ambiente

Waren die Tore der Stadtmauer bereits geschlossen, hielten die Postkutschen vor dem Alten Wirt. Die Pferde wurden ausgespannt und in die hauseigenen Ställe geführt, die Reisenden bezogen ihre Zimmer und nahmen ihr Nachtmahl in den Stuben des Gasthofes ein. Im 17. und 18. Jahrhundert war der Alte Wirt noch eine sogenannte Tafernwirtschaft. Das heißt, der Wirt hatte das Schank-, Bewirtungs- und Herbergsrecht.

Der Alte Wirt ist das älteste Wirtshaus Münchens. Der Obermenzinger Dorfschreiber Adolf Thurner hatte in den Archiven ein Dokument entdeckt, welches belegt, dass das Wirtshaus bereits 1417 existierte. 2017 wurde sein 600-jähriges Bestehen gefeiert, doch es ist vermutlich sogar noch älter. Das dörfliche Ambiente mit der alten Pfarrkirche St. Georg direkt neben dem Gasthaus hat sich bis heute erhalten. Das Lokal mit dem schönen abgeschirmten Biergarten liegt etwas versteckt und fern jeder Geschäftsstraße zwischen Pippinger Straße und Würm.

Unter knorrigen Kastanienbäumen kann man hier im Sommer die ganze Palette traditionell bayerischer Hausmannskost genießen, darunter auch Speisen, die man in vielen Wirtshäusern selten findet, etwa Kalbszunge in Rahmsoße mit Salzkartoffeln, die zugleich auch in einer gebackenen Variante mit Röstkartoffeln angeboten wird, oder Blut- und Leberwurst, saure Nieren und gebackene Briesmilzwurst. Ansonsten werden hier alle klassischen bayerischen Schmankerl zubereitet, Schnitzel in jeder bekannten Form, Grill- und Pfannengerichte, auch ein paar Fischgerichte, wenig Vegetarisches – alles in großen, preisgünstigen Portionen. Selbst die halbe Ente ist erschwinglich. Und die meisten Gerichte lassen sich abzüglich zwei Euro auch als Seniorengerichte ordern, für Kinder gibt es unter anderem Kartoffelknödel und hausgemachte Eierspätzle mit Soße. Vom Fass werden Augustiner und Erdinger Weißbier ausgeschenkt, Weine werden zu einem angenehmen Preis angeboten.

Adresse Dorfstraße 39, 81247 München-Obermenzing, Tel. 089/8111590, www.zum-alten-wirt-von-obermenzing | **MVV** Bus 159, 160, Haltestelle Lochhausener Straße | **Öffnungszeiten** täglich 9.30–24 Uhr, Küche 11–22 Uhr | **Ausstattung** kleiner Spielplatz im Biergarten | **Tipp** Ein Spaziergang an der Würm bietet sich geradezu an. Besonders schön ist der etwa einen Kilometer lange Weg durch die Würm-Aue in nördlicher Richtung bis zum Biergarten der Inselmühle.

98 Zum Blaustern

Eine Entdeckung am Harras

Ganz in der Nähe des Harras, der seinen Namen dem Gastwirt Robert Harras verdankt, der hier in der zweiten Hälfte des 19. Jahrhunderts ein gleichnamiges, weithin beliebtes Café mit Gartenwirtschaft betrieb, findet sich diese serbisch-kroatische Vereinsgaststätte, etwas versteckt, eingebunden in einen Grüngürtel.

Wie oft bin ich schon vorbeigegangen am Eingang dieses Lokals. Von der Wackersberger Straße aus sieht man es gar nicht, zwar steht an der Straße ein Wirtshausschild und im Eck ein schon in die Jahre gekommener Schaukasten mit Speisekarte, doch große Erwartungen hatte ich nicht. Bis ich eines Tages aus Neugier doch mal einkehrte, und es sollte nicht das letzte Mal sein.

Überraschend ist die Größe des Innenraums, der überdacht ist von einem hohen Holzgiebel. Sehr gemütlich und heimelig. Der Großteil der Besucher sind Stammgäste, viele wohnen im Viertel. Besonders schön sind die Plätze direkt an der Fensterfront, von der aus man in den Garten sieht, der von grünen Hecken und hohen Bäumen umgeben ist. Die Terrasse ist recht groß und ebenfalls behaglich und ruhig. Man sitzt mitten in der Natur.

Das Wiener Schnitzel vom Kalb ist schön dünn und perfekt mariniert. Dazu gibt es Pommes und eine Extraschüssel Salat. Zur Mittagszeit kommt noch eine Fädlesuppe mit Pfannkuchenstreifen dazu. Beim Ordern der Rechnung stellt der stets freundliche und zugewandte Kellner die obligatorische Frage, ob man einen Sliwowitz aufs Haus möchte. Aber auch ein anderer Schnaps ist kein Problem.

Bei der großen Auswahl an serbisch-kroatischen Gerichten und bayerischer Hausmannskost findet jeder etwas. Die Portionen sind reichlich, die Preise niedrig. Empfehlenswert sind unter anderem die Cevapcici (es gibt auch eine kleine Portion), der gemischte Fischteller, die Calamari vom Grill und die gekonnt zubereiteten Bratkartoffeln, bei deren Genuss man sich wie zu Hause fühlt.

Adresse Wackersberger Straße 65, 81371 München-Untersendling, Tel. 089/76701202 | MVV S6, S7, U6, Haltestelle Harras; Bus 53, 54, 130, 132, 134, 157, Haltestelle Am Harras | Öffnungszeiten Do–Di 10–22 Uhr | Ausstattung Parkplätze im Eingangsbereich | Tipp Im Imbiss BeirutBeirut in der Lindenschmitstraße 18 kann man authentische libanesische Küche probieren.

99__Zum Glückseck

Cevapcici zur Livemusik von Robbie Williams

Im Labyrinth dieser Kleingartenanlage ist das Lokal Zum Glückseck nicht einfach zu entdecken, wenn man sich zu Fuß vom Bahnhof Riem von Norden nähert. Nicht zuletzt auch deswegen, weil viele der nördlichen Eingangstore der Kleingartenanlage verschlossen sind. Am besten wählt man einen der Eingänge, die am Parkplatz liegen. Dort ist auch der Wegweiser eindeutig. Das Lokal befindet sich direkt neben einem großen Spielplatz und besteht neben dem Haus mit 50 Plätzen aus einem großen Biergarten mit etwa 150 Plätzen.

Früher hieß das Lokal noch Casa Rustica. Dijan, seit 1. April 2022 einer der beiden neuen Wirte, hatte die Idee zum Namen Glückseck, auch um eine neue Epoche einzuläuten. Denn das 40 Jahre alte Kleingartenlokal war die eineinhalb Jahre zuvor verwaist, nachdem lange Jahre ein rumänischer Koch das Lokal geführt hatte. Dijan, der mit seiner Familie in der Messestadt wohnt, ist in Kroatien geboren, aber seine Eltern sind beide Bosnier, weswegen er wohl auch den teils bosnischen Einschlag in seinen Gerichten betont. In der Küche steht seine Schwiegermutter, die seit 46 (!) Jahren kocht. Cevapcici gibt es als kleine oder große Portion, daneben Pljeskavica oder Ražnjići, wahlweise vom Hähnchen, Schwein oder Kalb. Zu allem gibt es Fladenbrot oder (dem hiesigen Gaumen zuliebe) Pommes, was der Kroate nimmt, ist klar. An Wochenenden werden Spanferkel und Lammfleisch gegrillt. Peka, ein unter einem Deckel über mehrere Stunden gegartes traditionelles Gericht, hier mit Kalbfleisch, Kartoffeln und Gemüse, gibt es nur nach zwei Tagen Vorbestellung. Die Speisekarte enthält daneben auch Gerichte wie Käsespätzle, Fleischpflanzerl, Chicken Nuggets und Schnitzel Wiener Art. Jeden Freitag gibt es Steckerlfisch zu einem günstigen Preis.

Gelegentlich finden im Garten Auftritte bosnisch-kroatischer Musiker statt. Auch die Megakonzerte der nahen Messestadt hört man hier im Glückseck.

Adresse Kleingartenanlage NO 76 e. V., Riemer Straße 395, 81829 München-Riem, Tel. 0176/84458245 | **MVV** S1, S2, Haltestelle Riem; Bus 183, 190, Haltestelle An der Point | **Öffnungszeiten** Di – Fr 17 – 22 Uhr, Sa, So 12 – 22 Uhr | **Ausstattung** Spielplatz | **Tipp** Ganz in der Nähe liegt die Galopprennbahn Riem. An einzelnen Tagen im Mai, Juni und August findet auf dem Gelände das alljährliche Isle of Summer Festival mit elektronischer Musik statt.

100 Zum Höllerer

Sri-lankische trifft bayerische Küche

Wer die Kleingartenanlage von der Fischer-von-Erlach-Straße aus betritt, geht erst einmal einen 150 Meter langen Weg geradeaus, bis er an dem großen Platz ankommt, an welchem das Lokal liegt. Es ist ein besonderes Stück Natur, in dem wir uns hier befinden. Die aus 282 Parzellen bestehende Kleingartenanlage ist umrahmt von weitläufigen Parkanlagen, an die sich die Grünanlagen des Westbades sowie eine der größten Baumschulen Deutschlands anschließen. Das Kleingartengelände gehört zu einem Grünzug (die »grüne Lunge« im Münchner Westen), der sich bis nach Gräfeling erstreckt. Sehr schön zu sehen, wenn man auf Google Maps die Satellitenaufnahme anklickt.

Pächter und Wirt unseres Kleingartenlokals ist seit April 2023 der aus Sri Lanka stammende Mangaleswaren Jasotha mit seiner Familie. Er trat in die Fußstapfen von Navarasa Rasadurai und dessen Frau Vemaladevi, die auch aus Sri Lanka stammen und das Lokal zehn Jahre betrieben.

Das sri-lankische Chicken-Curry ist eine schöne Ergänzung der vorwiegend bayerisch ausgerichteten Speisekarte. Es gibt auch vegetarische Currys mit Auberginen oder diversem Gemüse. Als kleiner Snack geeignet sind die leicht scharfen Lamb-Rolls, panierte Frühlingsrollen mit Lammfleisch, Kartoffeln und Kräutern, die gelegentlich angeboten werden. Auch andere populäre Gerichte aus Sri Lanka stehen hin und wieder auf dem Speiseplan. Am besten den freundlichen Wirt fragen. Die Preise sind günstig. Getränke und Speisen holt man sich selbst am offenen Fenster der Gaststätte. Draußen gibt es circa 150 Sitzplätze, drinnen immerhin 48. Bei gutem Wetter ist das Lokal bis 22 Uhr geöffnet.

Man kann in der Kleingartenanlage und rundherum wunderbar spazieren gehen. Wer vom Lokal aus den Nordweg entlangläuft und an dessen Ende nach links abbiegt, kommt zu einem weiteren Ein- und Ausgang, über den man durch einen Park zum Westbad gelangt.

Adresse Kleingartenanlage SW 15, Fischer-von-Erlach-Straße 26, 80689 München-Pasing, Tel. 089/5806300 | **MVV** Tram 19, Haltestelle Lohensteinstraße, von dort 5 Minuten zu Fuß über die Fischer-von-Erlach-Straße; Bus 57, Haltestelle Fischer-von-Erlach-Straße | **Öffnungszeiten** April–Okt. Di–So 10–22 Uhr | **Tipp** Die angrenzende Städtische Baumschule (200 Baum- und Straucharten!) an der Willibaldstraße ist 40 Hektar groß, 17 Hektar sind öffentlich zugänglich. Ein beliebtes Naherholungsziel auch für Familien. Im südlichen Teil gibt es einen großen Abenteuerspielplatz.

101 Zum Holzwurm

Ein Relikt der legendären Linie 8

Die Geschichte dieses Lokals ist eng verknüpft mit der Geschichte der Münchner Straßenbahn, denn es wurde 1959 als Stationshäuschen mitten in einer neu entstehenden Trambahnschleife am Scheidplatz erbaut. 1963 wurde hier die berühmte Linie 8 zwischen Harthof und Scheidplatz eröffnet, 1964 wurde sie sogar bis zum Hasenbergl verlängert. Damals galt sie als »Schnellstrecke«. Das Trambahnnetz erstreckte sich zur damaligen Zeit noch über 134 Kilometer – heute sind es nur noch 82 Kilometer. 1972 wurde die Trambahnschleife am Scheidplatz im Zuge des U-Bahn-Ausbaus ein Stück nach Westen verlegt. Und die Linie 8 wurde im Laufe der Zeit durch die U-Bahn ersetzt. Die Kellnerin des Holzwurms zeigt mir Schienenüberreste, die man noch immer im Umfeld des Lokals sieht.

Das heutige Lokal ist Teil einer parkähnlichen Anlage, das kleine ovale Gebäude mit überkragendem schmalem Dach ein ungewöhnlicher Anblick. Vor der Längsfassade stehen etwa 15 Biertische mit Bänken, ein schöner kleiner Biergarten, gemütlich und ruhig, mit Blick ins Grüne. An der Wand des historischen Gebäudes hängt eine große Kreidetafel mit dem übersichtlichen und günstigen Speisenangebot: Neben Gerichten wie Debrecziner mit Brot oder Obazda gibt es drei Sorten Pizza und Flammkuchen. Das Bier kommt vom Fass. Der kleine Innenraum besteht aus alten, schweren Holzmöbeln, die exakt in die ovale Form des Gebäudes eingepasst sind.

Hier treffen sich vor allem Anwohner und zufällige Besucher, die vom Ambiente der ungewöhnlich aussehenden Miniaturkneipe angezogen werden. Es gibt viele Stammgäste. Kleine und große Gruppen finden sich zusammen, auch einzelne Gäste können hier die Gelassenheit des Viertels einatmen und an der Geselligkeit teilhaben. Die Spiele von 1860 München werden regelmäßig auf dem bei sonnigem Wetter extra nach draußen gebrachten Fernseher gezeigt, zwei, drei Gäste schauen zu, alle anderen unterhalten sich.

Adresse Scheidplatz 1A, 80804 München-Schwabing-West, Tel. 089/3082020 | MVV U2, U3, U8, Tram 12, 27, 28, Bus 140–142, 144, Haltestelle Scheidplatz | Öffnungszeiten Mo–Sa 15–24 Uhr | Tipp Eine seltene Kombination aus georgischen Gerichten und neapolitanischen Pizzen bietet die beliebte Royal Cookhouse Pizzeria in der Belgradstraße 47.

102 Zum Koreaner

Essen wie in Korea

Seit einigen Jahren hat die Anzahl koreanischer Restaurants in München deutlich zugenommen. »Zum Koreaner« im Univiertel in der Maxvorstadt war eines der ersten koreanischen Lokale in München. Viele Kunden, die – damals noch Studenten – es seit 1997 besuchten, sind auch heute noch treue Stammgäste. Verändert hat sich kaum etwas, die Preise sind immer noch moderat, günstiger als anderswo. Das Bistro Zum Koreaner hat eine offene Küche mitten in einem sehr schlicht, aber angenehm eingerichteten Gastraum. Draußen stehen weitere Tische. Auf der Website heißt es: »In Koreas Großstädten essen die Menschen überall dort, wo sich das Leben abspielt – auf Straßen, Märkten, in U-Bahn-Stationen oder Hinterhöfen ... teure Einrichtung ist eher nebensächlich – was zählt, ist der Geschmack! Genauso treffen sich in unserem Bistro im Herzen Schwabings Studenten, Angestellte, Weltreisende, Uniprofessoren, Koreaner mit Heimweh ... eben alle, die ihren Heißhunger auf koreanisches Essen stillen wollen.«

Der scharf angebratene Schweinebauch ist *das* Lieblingsgericht unzähliger Besucher. Manche sprechen diesbezüglich sogar von einem suchtähnlichen Verlangen. Weitere Gerichte, die nicht minder glücklich machen, sind das Bibimbap mit Gemüse und mit oder ohne Rindfleisch, der Tintenfisch, Gangpungi (scharf, süß-sauer zubereitete Hähnchenbrust in Teig), die scharfen Suppen und der Kimchi-Eintopf. Kimchi, scharf marinierter, vergorener Chinakohl, ist das vitaminreiche Nationalgericht Koreas, das dort zu jeder Mahlzeit gereicht wird. Kimchi ist auch eine der 13 Beilagen, die wie Tapas zu den Hauptspeisen geordert oder auf einem Banchanteller zusammengestellt werden können.

Übrigens gibt es nicht nur scharfe, sondern auch viele mild zubereitete Gerichte und Beilagen. Es wird ohne Geschmacksverstärker gekocht, und das Fleisch kommt von einer Chiemgauer Metzgerei.

Adresse Amalienstraße 51, 80799 München-Maxvorstadt, Tel. 089/283115, www.zum-koreaner.de | MVV U3, U6, Haltestelle Universität | Öffnungszeiten täglich 10.30–22 Uhr; keine Kartenzahlung | Tipp In dem seit 1872 – heute in vierter Generation von der Familie Mehr – betriebenen Schellingsalon (Schellingstraße 54) kann man in einer sehr schönen Atmosphäre unter anderem Schach, Billard oder im Keller Tischtennis spielen. Und das Essen ist auch ganz passabel und für den kleinen Geldbeutel wunderbar geeignet.

103 Zum Metzger-Rudi

Ein typisch bayerisches Wirtshaus

Ein ungewöhnlicher Name und ein ungewöhnlich aussehendes Kleingartenlokal, das einem typischen bayerischen Wirtshaus ähnelt, was es letztlich auch ist. Die bayerischen Speisen sind so, wie man sie sich wünscht. Große Portionen zu günstigen Preisen, etwa Schweinebraten mit Knödeln, Tellerfleisch mit Meerrettich, Rindergulasch, Zwiebelrostbraten und Ochsenlende. Mehrere vegetarische und Fischgerichte stehen auch auf der Karte. Zudem gibt es zahlreiche kleine Gerichte, unter anderem Obazda, Presssack, verschiedene Würstel, Leberspätzlesuppe, diverse Salate und acht Kinderteller. Wechselnde Tagesgerichte, die draußen auf Kreidetafeln notiert sind, ergänzen die Karte.

Hier kocht der Wirt, der tatsächlich Rudi heißt, noch selbst, und seine Frau Eugenia Waldherr ist für den Service zuständig, und das schon seit 18 Jahren. Die Wirtin bedient die etwa zwölf besetzten Tische im Garten ganz allein, der in der gesamten Branche verbreitete Personalmangel macht auch ihr zu schaffen. Unter dem Publikum sind viele Stammgäste aus der Umgebung, auch mehrere Studenten – was nicht verwunderlich ist, denn die Studentenstadt liegt nicht weit entfernt und das Lokal ist von dort mit dem Bus 177 und nach einem kurzen Fußweg in wenigen Minuten zu erreichen. Was nur anfangs etwas stört, ist das Hintergrundrauschen der nahen Autobahn, abgesehen davon ist das Lokal ruhig und idyllisch gelegen. Wer es das erste Mal besucht, sollte das Navi benutzen.

Ein sehr atmosphärischer, von viel Grün umgebener Ort, dieser Biergarten. In der gemütlichen Gaststube ist im Winter genug Platz für etwa 100 Personen. Sie wird auch gern für größere Feiern reserviert. Die umgebenden Kleingärten sind etwas wilder als sonst, ein Kleingärtner, der eine Schubkarre mit altem Erdreich entsorgt, lobt das gute Essen des Gasthauses und erwähnt beiläufig, dass es in der Anlage sogar einen Imker gebe.

Adresse Kleingartenverein NO 221, Joseph-Dollinger-Bogen 16, 80807 München-Schwabing-Freimann, Tel. 089/32667438 | **MVV** Bus 177, Haltestelle Joseph-Dollinger-Bogen oder Lilienthalallee Süd, von dort circa 5 Minuten zu Fuß | **Öffnungszeiten** 11–22 Uhr, warme Küche Mo, So und Feiertage bis 19 Uhr, Mi–Sa bis 20.30 Uhr, ganzjährig; keine Kartenzahlung | **Ausstattung** Spielplatz | **Tipp** In der Margarete-Schütte-Lihotzky-Straße 30 befindet sich eines der größten Künstlerateliershäuser Europas mit regelmäßigen Ausstellungen in der 200 Quadratmeter großen Halle 50 (www.domagkateliers.com).

104 Zum Schmankerlwirt

Geheimtipp an der B304

Nicht leicht zu finden ist dieses bayerische Lokal, das in Neukeferloh, einem Gemeindeteil von Grasbrunn, südlich von Vaterstetten liegt.

Wer den 15-minütigen Weg zu Fuß vom S-Bahnhof Vaterstetten läuft, wird beim ersten Mal die Online-Karte des Smartphones zu Hilfe nehmen. Über den Bretonischen Ring geht es weiter geradeaus über die Straße Am Weichselgarten, nun biegt man ab in einen kleinen Laubwald und quert die Fußgängerbrücke über die Autobahn. Dann plötzlich taucht es auf, das Schild einer Pension, das Wirtshaus ist im rückwärtigen Teil des Gebäudes untergebracht. Und überrascht stellt man fest, dass es aus einem lauschigen, teils überdachten Biergarten und einer ebenso gemütlichen Wirtsstube besteht. Gegen 11.30 Uhr ist im Garten noch nicht viel los, aber das wird sich innerhalb der nächsten Stunde ändern. Am Nebentisch ist zu hören, dass das bis dahin unbekannte Lokal von Bekannten empfohlen wurde. Nicht wenige Gäste haben das Lokal einst aufgrund einer Empfehlung entdeckt. Dass an Wochenenden besser reserviert werden sollte, zeigt, dass sich dieser Geheimtipp inzwischen mehr als rumgesprochen hat.

Auf der an Arbeitstagen täglich wechselnden »Mittags-Schmankerl«-Karte stehen zehn traditionelle Gerichte, die es zu einem günstigen Einheitspreis gibt. Darunter sind gesottenes Ochsenfleisch in Meerrettichsoße, Rote-Beete-Pflanzerl mit Kren, mit Blattspinat gefüllte Schweinsroulade, steirische Kürbis-Gnocchi und ein Klassiker, der in Münchens Wirtshäusern und Biergärten eher selten angeboten wird: Blut- und Leberwurst mit Sauerkraut und Kartoffeln. Eine Suppe ist im Preis inbegriffen.

Auf der Standardkarte stehen unter anderem zehn verschiedene Schnitzel, die meisten sogar als kleine Portion. Und vegetarische Gerichte gibt's auch genug. Die Gäste schätzen nicht nur die Küche, sondern auch die gute Bewirtung durch die gebürtige Münchnerin Claudia Lecker und ihr Team.

Adresse Dianastraße 5A, 85630 Grasbrunn, Tel. 089/80999970, www.zum-schmankerlwirt.de | MVV S4, S6, Haltestelle Vaterstetten | Öffnungszeiten Mo, Mi–Fr 11–14.30 und 17–23 Uhr, Sa, So und Feiertage 11–23 Uhr; warme Küche bis 21.30 Uhr | Ausstattung Parkplatz vor dem Haus | Tipp Einer der größten Kletterwälder Bayerns mit verschiedenen Parcours für Kinder, Jugendliche und Erwachsene liegt zwei Kilometer vom S-Bahnhof Vaterstetten entfernt (www.muenchner-wald.de).

105 Zum Seewirt, Taverna Limni

Ein abgelegenes Idyll

Etwa 20 Kilometer nördlich von München liegt das Lokal direkt an einem kleinen See nahe Bergkirchen. Ein Teil der Tische befindet sich auf einem Steg, der bis weit in den See reicht. Weitere Tische stehen auf der grünen Wiese am Ufer, andere auf der schmalen Veranda. Ein schönes, abgelegenes Idyll, um einen ruhigen Sommernachmittag zu verbringen oder den Sonnenuntergang zu genießen.

Die griechische Taverne, die in den Räumen des TSV Bergkirchen untergebracht ist, bietet die bekannten Klassiker von Gyros, Souvlaki, Bifteki und frittierten Sardellen bis hin zu Oktopus vom Grill. Zudem gibt es eine Reihe kalter und warmer Vorspeisen. Auf der umfangreichen Speisekarte, die noch um eine Tageskarte ergänzt wird, findet jeder etwas. Auch kleine Portionen sind auf Wunsch möglich. Dazu trinkt man ein Glas nordgriechischen Anthos, einen halbsüßen Imiglykos, einen trockenen Retsina oder einen Hauswein.

Verknüpfen lässt sich ein Ausflug zum Seewirt gut mit einem Spaziergang an der Maisach, die in unmittelbarer Nähe am Lokal vorbeifließt und vier Kilometer später in die Amper mündet. Zwischen Bergkirchen und Günding ist der Pfad auf zweieinhalb Kilometer Länge mit elf interessanten, gut zu lesenden Infotafeln zur Natur und Historie von Fluss und Landschaft versehen. Mit Glück sieht man eine Wasseramsel oder einen Eisvogel, mitunter sogar einen Biber, dessen Bestand im Landkreis Dachau auf etwa 500 Exemplare geschätzt wird. Nach einem Kilometer trifft man auf einen Verkaufskasten für Quinoa, das ganz in der Nähe am Monte Kienader regional angebaut wird. Wem die Beine noch nicht zu schwer sind und wer mit öffentlichen Verkehrsmitteln unterwegs ist, der kann weiter an der Amper entlanggehen und dann zum Bahnhof Dachau abbiegen. Auch für Radfahrer eine sehr schöne Strecke.

Adresse Römerstraße 26, 85232 Bergkirchen, Tel. 08131/3333779, www.seewirt-limni.de | MVV S2, Haltestelle Dachau Bahnhof, von dort Bus 721, 791 oder Rufbustaxi bis Bergkirchen; mit dem Auto vom Münchner Westen über die A8 | Öffnungszeiten täglich außer Mo 11–23 Uhr; keine Kartenzahlung | Ausstattung genug Parkplätze vorhanden | Tipp Das Freibad Dachau mit großen Liegewiesen, Schwimmer- und Nichtschwimmerbecken, einem Wasserspielplatz für Kinder, einem Café und einem Imbiss gilt unter Münchnern als Geheimtipp.

106_Zum Unter'n Wirt

Eine Sausemmel auf die Hand

Das Wirtshausschild »Zum Unter'n Wirt« hängt immer noch an der Fassade, doch die Schöngeisinger Gaststätte wurde in der Pandemie geschlossen, und aus dem bisherigen Biergarten wurde 2020 ein reiner Selbstbedienungskiosk mit vielen unterschiedlichen Sitzgelegenheiten und angeschlossener Bade- und Liegewiese, der nicht nur bei Einheimischen, sondern auch bei Ausflüglern beliebt ist.

Viele Kanu- und Bootsfahrer machen hier Rast, denn das Kioskgelände hat einen direkten Zugang zur Amper und eine Bootsanlegestelle. Im Garten sitzt man unter alten, Schatten spendenden Kastanien und blickt über die weite Wiesenfläche, die auch im Sommer nicht überlaufen ist, auf das Flussufer und den Wald. Es herrscht eine ländliche Ruhe, ein leichter Bauernhofgeruch liegt in der Luft.

Die Speisenauswahl ist übersichtlich: Neben den beliebten Sau- und Schnitzelsemmeln gibt es Räucherfisch-, Kräuterseitling- und Frischkäse-Gurken-Semmeln, zudem einen Eintopf, Obazda, Pommes und hausgemachten Kuchen. Großen Wert wird darauf gelegt, dass alle Zutaten aus der näheren Umgebung kommen. Selbst die Getränke, diverse Bioschorlen, das Bier, das Eis und sogar der Kaffee stammen aus der Region.

Man sieht hier viele Familien mit kleinen Kindern, auch Jugendliche. Im Mai findet jedes Jahr das von Wirt und Geschäftsführer Thomas Braumiller ins Leben gerufene »Starkstrom Ampere Festival« mit elektronischer Tanzmusik auf dem Gelände statt, bei dem DJs aus der Region auftreten.

Ein Besuch lässt sich gut kombinieren mit einer Radtour, einer Bootsfahrt oder einer kleinen Wanderung in den Amperauen, eine schöne Alternative zu den Isarauen und bei Weitem nicht so frequentiert. Zum Ameisenstüberl (siehe Ort 6), einem Kleingartenlokal, das auch direkt an der Amper liegt, sind es mit dem Rad nur etwa 20 Minuten, mit dem Bus der Linie 820 nur zehn Minuten.

Adresse Kirchstraße 2, 82296 Schöngeising, Tel. 08141/12749, www.unterwirt-schoengeising.de | MVV S4, Haltestelle Schöngeising; Bus 820, Haltestelle Orlando-di-Lasso-Straße | Öffnungszeiten 1. April – 3. Okt. Fr, Sa 12 – 18 Uhr, So und Feiertage 11 – 18 Uhr, nur bei schönem Wetter | Ausstattung kostenpflichtiger Parkplatz, Spielplatz | Tipp Ein Besuch im drei Kilometer entfernt liegenden Bauernhofmuseum Jexhof lohnt sich besonders für Familien (www.jexhof.de).

107 Zur Buche

Eine kühle Oase im Sommer

Unweit des Nordendes des Englischen Gartens, zwischen Freisinger Landstraße und Garchinger Mühlbach, liegt die weitflächige Kleingartenanlage NO 60 mit ihren 170 Parzellen. Das Lokal befindet sich mittendrin, Straßenlärm ist hier nicht zu hören. Östlich vom Mühlbach dehnt sich dichter Wald aus, der sich bis zur Isar erstreckt. Lokal und Garten sind bis ins Detail liebevoll hergerichtet, ein idyllischer Ort, an dem man wunderbar entspannen kann.

Der Konditormeister Christian, von allen nur »Sterni« genannt, und seine Frau Sandra, eine gelernte Hotelkauffrau, sind seit April 2022 die neuen Pächter des Lokals. Davor haben sie zehn Jahre lang das Seehaus am Pilsensee betrieben. Während Sterni die Gäste bedient und das Bier zapft, ist Sandra für die Küche zuständig. Es gibt etwa zehn täglich wechselnde Gerichte, die jeden Morgen auf zwei großen Tafeln notiert werden. Bei meinem Besuch waren es unter anderem knusprige Entenbrust süß-sauer, Kalbspflanzerl, Bison-Currywurst, Münchner Schnitzel, Cordon bleu, Thai-Curry mit Huhn und vegetarische Gerichte. Mit ihren Thai-Gerichten haben sich die beiden schon einen Namen gemacht. Ist die Grillstation in Betrieb, gibt es Steckerlfisch und Spareribs. Die Preise sind moderat, die Qualität der Speisen ist vom Feinsten. Es sind verschiedene Biere im Angebot: Hacker-Pschorr, Paulaner, Rothaus. Daneben gibt es auch hausgemachte Limonaden, etwa mit Ingwer-Limette und Holler-Minze.

Draußen haben 80 Personen Platz, in der hellen, gemütlichen Gaststube 60. Im Hochsommer, wenn die Sonne richtig knallt, ist der Garten wie eine kühle Oase. Hohe Kastanien und Ahornbäume spenden wohltuenden Schatten. In der Mitte des Gartens stehen einige große aufgespannte Sonnenschirme. Unter den Gästen sind neben den Kleingärtnern auch viele Tagesausflügler und Radfahrer.

Adresse Kleingartenanlage NO 60, Freisinger Landstraße 100, 80939 München-Freimann, Tel. 089/28808090 | MVV Bus 181, Bushaltestelle Großlappen | Öffnungszeiten Di–So 11.30–1 oder 2 Uhr | Tipp Die spätromanische Heilig-Kreuz-Kirche in Fröttmaning – urkundlich bereits 815 erwähnt – ist der älteste erhaltene Kirchenbau der Stadt. Die Kirche steht südlich des Autobahnkreuzes Nord. Der am Fröttmaninger Berg zu findende Doppelgänger ist Teil des Kunstwerkes »Versunkenes Dorf«.

108 Zur Gartenlaube

Die neugierige Blaumeise

Wer auf der an dieser Stelle etwas trostlos wirkenden Balanstraße an der Kleingartenanlage München Südost 6 vorbeifährt, ahnt kaum, dass sich hier ein schönes Gartenlokal verbirgt. Es sei denn, er ist schon mal die kleine, nach Westen abbiegende Kopischstraße entlanggeschlendert oder -gefahren. Sieht man sich die Rezensionen im Netz an, scheinen sich öfter auch mal Touristen aus den umliegenden Hotels hierhin zu verirren und schnell zu Stammgästen zu werden. Kein Wunder – bei der Qualität und den Preisen. Außerdem ist es sehr ruhig und gepflegt. Ein Kleingartenlokal, das auf den ersten Blick wirkt wie ein von grünem Rasen umgebenes Wohnhaus aus der sauerländischen Provinz der 1970er Jahre.

Tatsächlich entstand die »Gartenlaube« 1960 als Kantine für die Gartler, 1975 wurde sie dann zur heutigen öffentlichen Gaststätte umgebaut. Der Biergarten erstreckt sich über die Wiese unter ein paar Kastanienbäumen und wird eingerahmt von grünen Hecken. Auch die Vögel scheinen sich hier wohlzufühlen und sind sehr zutraulich. Während des Essens fliegt mir eine Blaumeise auf die Schulter und schaut mir eine Weile zu. Es gibt sonnige wie schattige Plätze, zudem eine große, überdachte Veranda und einen gemütlichen Innenraum.

Prem Gurung, der zuvor in der Floßlände in Thalkirchen tätig war, ist seit mehr als fünf Jahren Wirt der Gartenlaube. Und die vom ihm kreierte Speisekarte überzeugt, auch wenn sie recht übersichtlich ist. Die feine Qualität des Essens, die man den Gerichten auch ansieht, wird von den Gästen, zu denen viele Kleingärtner, Einwohner des Viertels und Angestellte der umliegenden Firmen zählen, ausnahmslos gelobt. Neben bayerischen Brotzeiten gibt es unter anderem einfache Gerichte wie Burger und Currywurst mit Pommes, zudem Münchner Schnitzel und Cordon bleu, daneben zwei Fischteller, Vegetarisches und wechselnde Tagesgerichte.

Adresse Kleingartenanlage München SO 6, Kopischstraße 1, 85149 München-Ramersdorf-Perlach, Tel. 089/5806300 | MVV Bus 145, Haltestelle Hochäckerstraße; S3, Haltestelle Fasangarten | Öffnungszeiten April–Okt. Mo, Mi–Sa 11.30–22 Uhr, So 10–22 Uhr | Tipp Fünf Fußminuten entfernt ist das MVG-Museum in der Ständlerstraße 20. Es bietet auf 5.000 Quadratmetern einen Überblick über die Münchner Nahverkehrs- und Technikgeschichte. Ausgestellt sind unter anderem zahlreiche historische Straßenbahnen und Busse.

109_Zur Gartler Hütte

Zwischen Villenviertel und Bahndamm

Ende des 19. Jahrhunderts entstanden in Pasing-Obermenzing zwei Kleinvillenkolonien, die sich nördlich des Pasinger Bahnhofs und auf der westlichen Seite der Würm erstrecken. Angelegt wurden sie nach dem Modell einer Gartenstadt, ein Ideal, das in Zeiten der Industrialisierung, Verstädterung und Wohnungsnot aufkam und in Westeuropa weit verbreitet war. Die Villenkolonie Pasing II auf der westlichen Seite der Würm umfasst die Haupterschließungsstraßen Alte Allee und Marschnerstraße.

Zur Gartler Hütte gelangt man von der Marschnerstraße aus, der erste zwischen den Kleinvillen hindurchführende Greithweg endet zwischen Oktober und Ende April vor einer verschlossenen Gartentür. Der nächste, der Gerhard-Winkler-Weg, bietet freien Zugang zur Kleingartenanlage der Bahn-Landwirtschaft Pasing. Wer im großen Garten des Lokals sitzt, schaut auf die entfernt vorbeifahrenden Züge, denn parallel zur Schrebergartenanlage verläuft die Bahnstrecke München–Augsburg. Nach jahrelangen Protesten der Anwohner wurde im Mai 2023 eine Lärmschutzwand gebaut, allerdings zu niedrig. Die Züge sieht und hört man genauso wie vorher. Gäste, für die das Trainspotting einfach dazugehörte, sind erleichtert.

Das Pola-Pola mit Ražnjić (Spieß) und den Banja Luka Cevapcici, einem kleinen, zusammenhängenden Block aus vier winzigen Fleischröllchen, ist fein gewürzt und eine ausreichende, nicht zu üppige Portion. Man fühlt sich nach dem Essen gesättigt und wohl wie nach einer typisch mediterranen Kost. Der serbische Wirt erzählt, dass er lange eine kroatische Köchin gehabt habe, nun koche ihre bisherige Küchenhilfe, eine Ukrainerin, deren Gerichte. Die in Sardinien geborene, gute Laune verbreitende und flinke Kellnerin bringt zum Abschluss noch einen Schnaps aufs Haus. Den Sliwowitz braut der in Serbien lebende Vater des Wirtes. Bei schlechtem Wetter kann man auf die gemütliche Gaststube mit Kamin ausweichen.

Adresse Kleingartenanlage Bahn-Landwirtschaft München-Pasing 1, Gerhard-Winkler-Weg 5, 81245 München-Pasing, Tel. 089/92778552 | MVV Bus 56, Haltestelle Marschnerstraße (Alte Allee), von dort 3 Minuten zu Fuß | Öffnungszeiten April–Okt. Di–Sa 17–22 Uhr, So 11–22 Uhr | Tipp Das eindrucksvolle spätgotische Schloss Blutenburg mit Schlosskapelle und Wehrmauern liegt an der Würm und ist etwa zwei Kilometer entfernt.

110 Zur Linde

Nicht weit vom Dantebad

Aus allen Himmelsrichtungen führen Wege zu diesem Lokal des 1915 gegründeten Kleingartenvereins NW 1. Betritt man es, erstaunt man angesichts der riesigen Halle, von außen wirkt das Gebäude eher schlicht. Die Halle ist so groß, dass der örtliche Schützenverein hier einmal in der Woche sein Schießtraining absolvieren kann. Draußen erstreckt sich eine weitläufige Terrasse entlang der gesamten südlichen Hausseite. Der Boden ist mit quadratischen Waschbetonplatten mit Buntkies belegt, wie sie in den 1960er und 1970er Jahren en masse auf vielen heimischen Terrassen von Reihenhäusern zu finden waren, was dem Ganzen einen ungewöhnlichen Retro-Charme verleiht. Die Plätze unter der Markise direkt an der weißen Hauswand sind besonders beliebt. Die Terrasse, auf der bis zu 240 Menschen Platz finden, ist umgeben von eingewachsenen grünen Hecken und Sträuchern. Es ist sehr ruhig und windgeschützt hier.

Brigitte und Khaled Hamdi, der zuvor in Schloss Linderhof in Ettal gekocht hat, haben Anfang 2022 die Leitung des Kleingartenlokals übernommen, die Speisekarte der langjährigen Vorbesitzer haben sie in vielem belassen. Auch die beliebten Seniorenteller – zehn an der Zahl – seien geblieben und würden weiterhin auf der Karte stehen, sagt Khaled Hamdi.

Angesichts der Vielzahl an Hauptgerichten und der zusätzlichen Wochenkarte bin ich etwas unschlüssig und lasse mich vom Wirt beraten. Letztendlich entscheide ich mich für das Ochsengulasch mit Semmelknödeln. Das Fleisch ist schön zart und die Soße aromatisch. Die hausgemachten Semmelknödel haben eine angenehm lockere Konsistenz und schmecken auch dem Nichtbayern. Das nächste Mal werde ich den Zwiebelrostbraten probieren, das teuerste Gericht der Karte, aber immer noch preiswert. Besonders beliebt unter den Stammgästen des Lokals sind der Schweinebraten, die Steinpilznudeln, der Sauerbraten und das Welsfilet vom Grill.

Adresse Kleingartenverein NW 1, Sadelerstraße 20, 80638 München-Neuhausen-Nymphenburg, Tel. 089/152403 | MVV Bus 151, 164, 165, 180, Haltestelle Sadelerstraße; U1, U7, Tram 21, Haltestelle Westfriedhof | Öffnungszeiten ganzjährig Di – So 10 – 24 Uhr; keine Kartenzahlung | Ausstattung Spielplatz an der Nordseite | Tipp Wer vom Lokal aus den »Kantinenweg« der Kleingartenanlage immer geradeaus geht, ist in fünf Minuten im Dantebad, einem Freibad mit fünf Schwimmbecken und riesiger Liegewiese, das im Winter als Warmfreibad geöffnet hat.

111_Zur Schwalbe

Im schönsten Biergarten des Westends

Das Westend, früher eine Arbeitersiedlung, ist heute der nach Schwabing am dichtesten besiedelte Stadtteil Münchens und hat sich in den letzten 15 Jahren zu einem der trendigsten Viertel der Stadt entwickelt. Hinter dem weiten Gelände der Augustiner-Brauerei, der ältesten noch bestehenden Brauerei Münchens, befindet sich das mit bald 130 Jahren fast ebenso alte Wirtshaus Zur Schwalbe. Am westlichen Ende der Schwanthalerstraße gelegen, wird es von manchen eher zufällig entdeckt.

Das Wirtshaus hat seit 2018 neue Pächter. Der gemütliche Gastraum mit seiner dunklen Holzverkleidung wurde ein wenig heller gestaltet und die Speisekarte auf ein neues Niveau gebracht. Nicht nur bayerische Klassiker wie der von den Gästen hochgelobte Schweinekrustenbraten mit Knödeln und einer guten Portion Kraut-Specksalat stehen auf der Karte. Auch die Rahmfleckerl (knusprig gebackene Sauerteigfladen mit Crème fraîche, Bergkäse und Zutaten nach Wahl, etwa getrüffelter Kartoffel) oder ein veganes bayerisches Curry aus Bio-Urgetreide (Emmer, Einkorn, Dinkel) sind interessante Optionen. Von den Gästen besonders geschätzt werden das Schnitzel Wiener Art mit Kartoffel-Vogerl-Salat und Preiselbeeren, das Kalbsgulasch mit angerösteten Serviettenknödeln, die Steinpilz-Bergkäse-Knödel und der Brezensalat mit gerösteter Laugenbreze, Blattspinat und Senf-Honig-Dressing. Dazu gehört ein perfekt gezapftes und wohltemperiertes Augustiner. Als Nachtisch begehrt sind die Topfenknödel.

Das Juwel ist der Biergarten im ruhigen Hinterhof, den nicht wenige für den schönsten im Westend halten und der mehr Plätze als der kleine Innenraum hat. Zur Schwalbe gehört auch eine Kegelbahn, die sich nicht wie in den meisten Gaststätten im Keller, sondern im Gastraum befindet, abgetrennt durch eine gläserne Zwischenwand mit Flügeltüren. Es ist die älteste private Kegelbahn Münchens.

Adresse Schwanthalerstraße 149, 80339 München-Schwanthalerhöhe, Tel. 089/23021447, www.zurschwalbe.com | MVV S1–S8, Haltestelle Hackerbrücke; Tram 18, 19, 29, N19, Haltestelle Holzapfelstraße | Öffnungszeiten täglich 15–23 Uhr | Tipp Das Marais, ein Ladencafé am Eck Schwanthalerstraße/Parkstraße, war in den 1920er Jahren ein Textilkaufhaus, dessen Inventar originalgetreu übernommen wurde. Die schönsten Sitzplätze sind im Schaufenster.

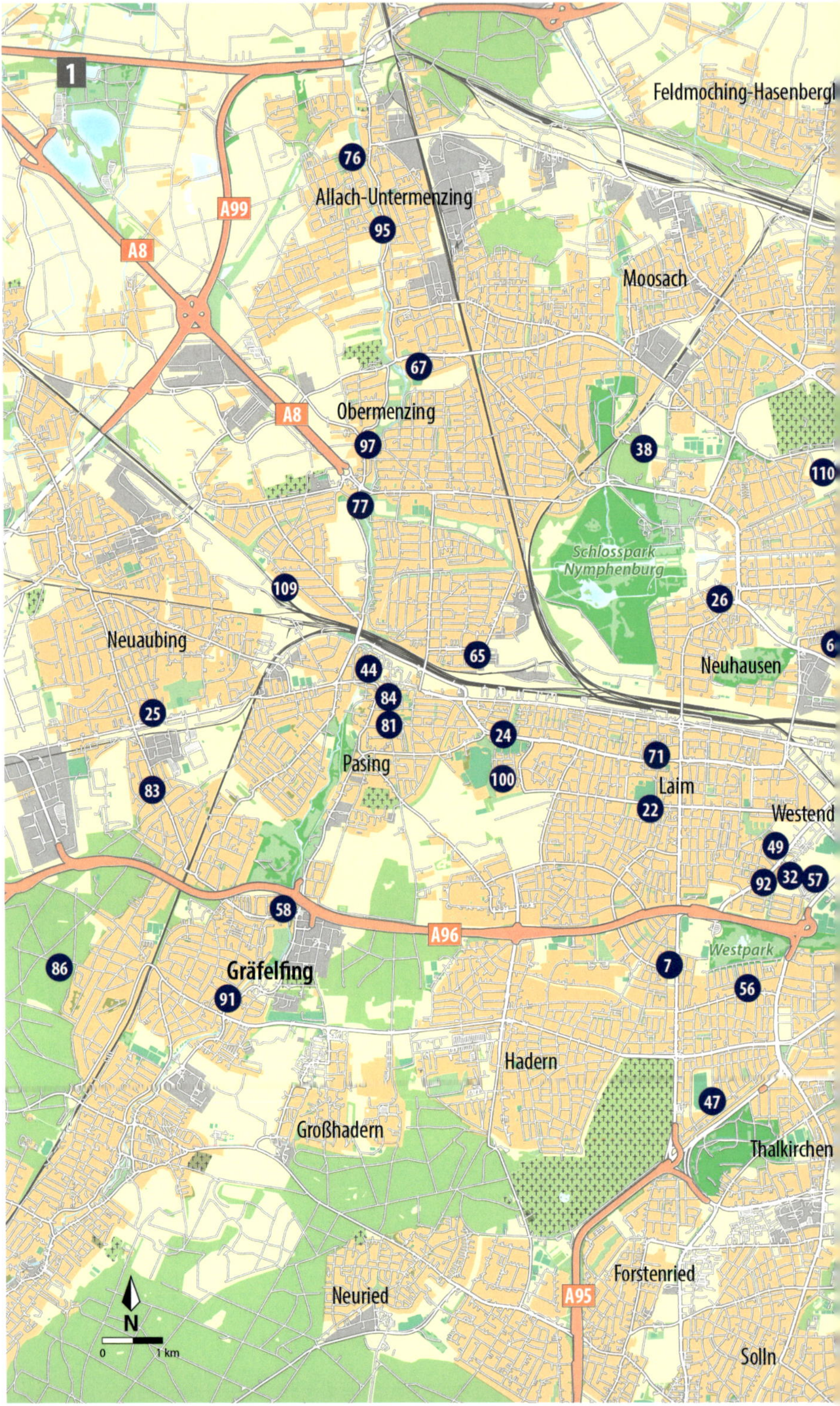
1
Feldmoching-Hasenbergl
76
Allach-Untermenzing
A99
95
A8
Moosach
67
A8
Obermenzing
38
97
110
77
Schlosspark Nymphenburg
109
26
Neuaubing
65
44
Neuhausen
84
25
81
24
71
Pasing
100
Laim
83
22
Westend
49
92
32
57
58
A96
Westpark
86
7
Gräfelfing
56
91
Hadern
47
Großhadern
Thalkirchen
Forstenried
Neuried
A95
N
0
1 km
Solln

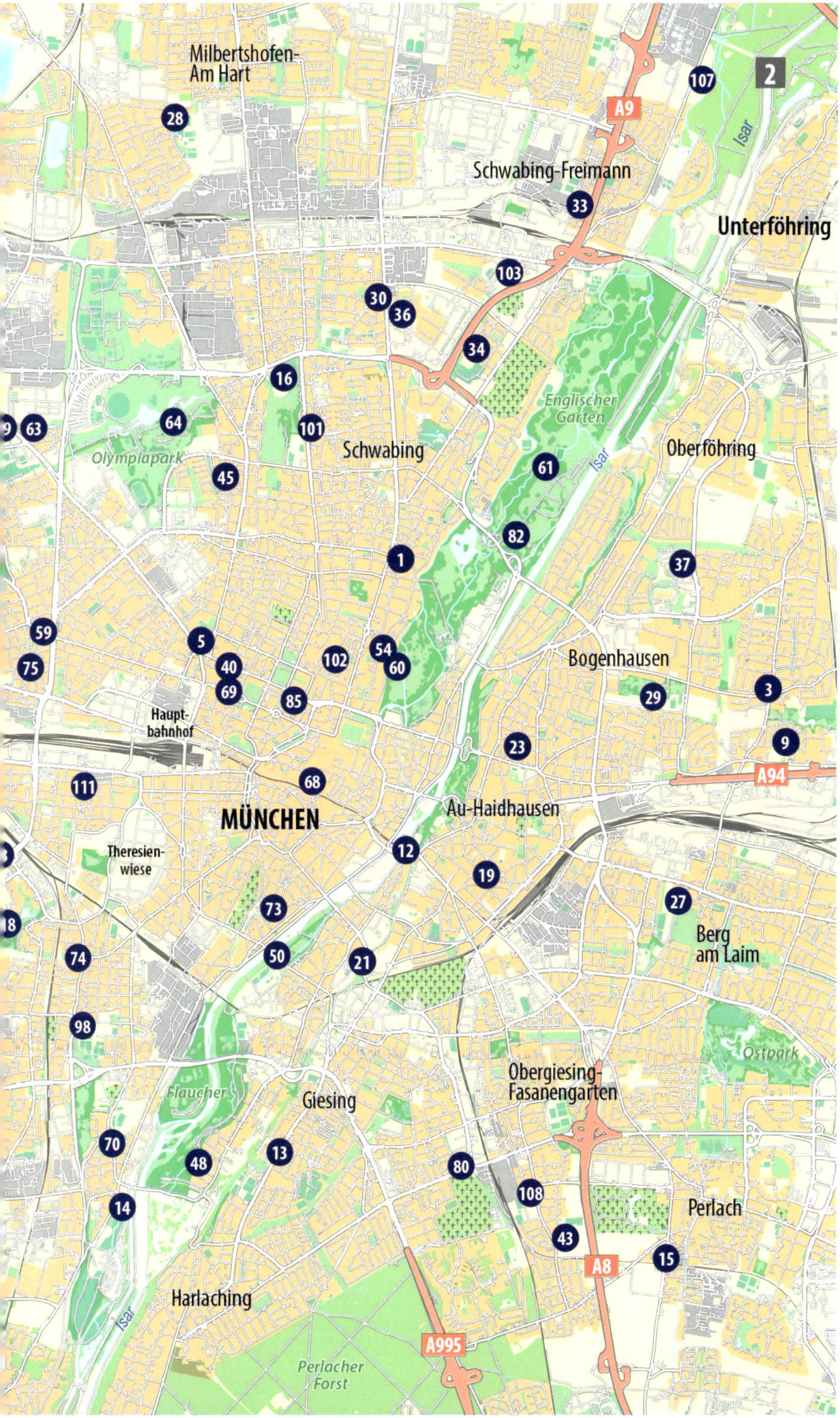
2
Milbertshofen-
Am Hart
Schwabing-Freimann
Unterföhring
A9
Isar
Englischer
Garten
Olympiapark
Schwabing
Oberföhring
Bogenhausen
Haupt-
bahnhof
MÜNCHEN
Au-Haidhausen
A94
Theresien-
wiese
Berg
am Laim
Ostpark
Obergiesing-
Fasanengarten
Flaucher
Giesing
Perlach
A8
Harlaching
A995
Perlacher
Forst

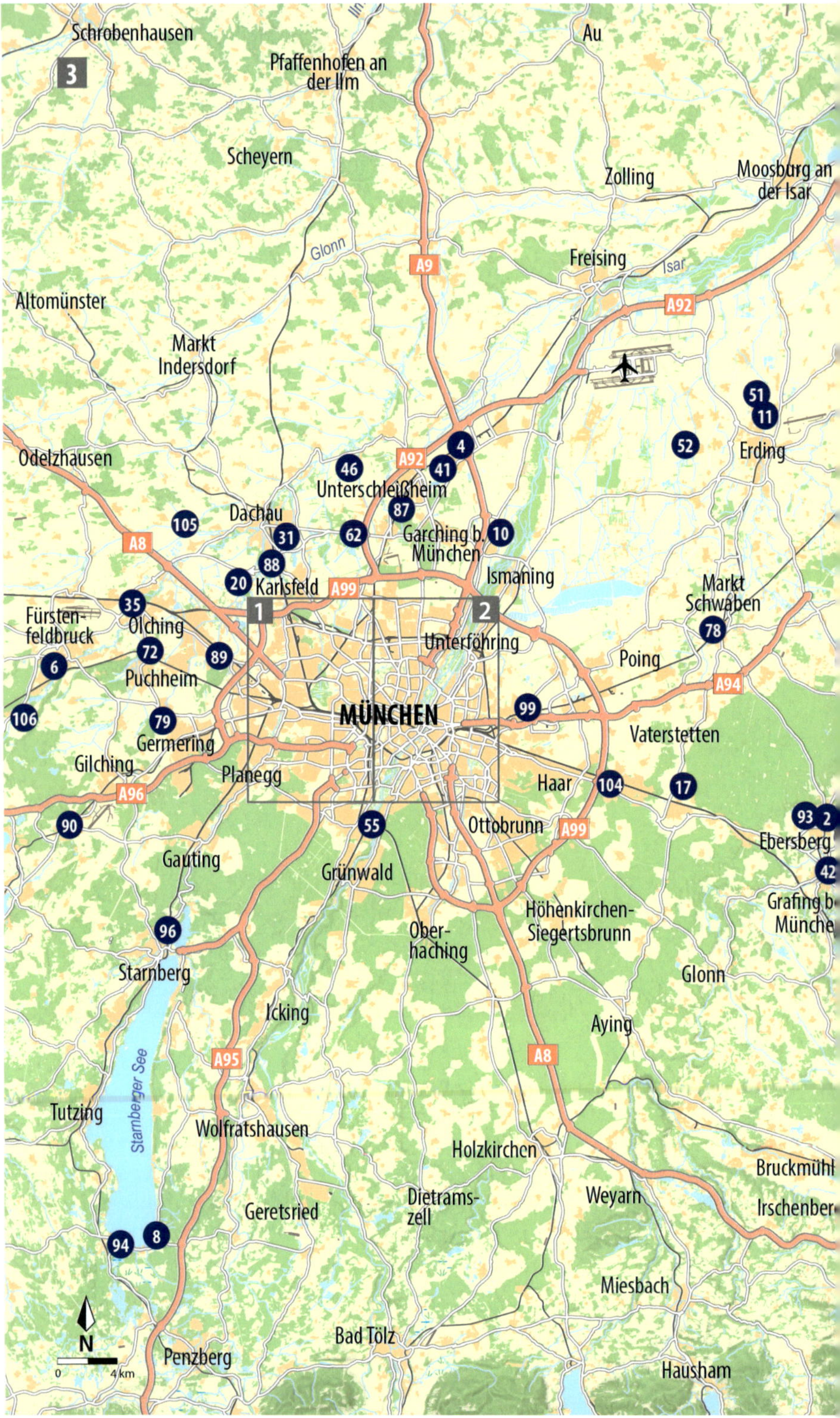
3
Schrobenhausen
Pfaffenhofen an der Ilm
Au
Scheyern
Zolling
Moosburg an der Isar
Glonn
A9
Freising
Isar
A92
Altomünster
Markt Indersdorf
51
11
52
Erding
4
Odelzhausen
46
A92
41
Unterschleißheim
87
Dachau
105
31
62
Garching b. München
10
A8
88
Ismaning
20
Karlsfeld
A99
Markt Schwaben
35
1
2
Fürsten-feldbruck
Olching
78
Unterföhring
72
89
Poing
6
Puchheim
A94
106
99
MÜNCHEN
79
Vaterstetten
Germering
Gilching
Planegg
Haar
104
17
A96
93
2
90
55
Ottobrunn
A99
Ebersberg
Gauting
42
Grünwald
Höhenkirchen-Siegertsbrunn
Grafing b. Münche
96
Ober-haching
Starnberg
Glonn
Icking
Aying
A95
A8
Starnberger See
Tutzing
Wolfratshausen
Holzkirchen
Bruckmühl
Dietrams-zell
Weyarn
Geretsried
Irschenber
94
8
Miesbach
N
Bad Tölz
0
4 km
Penzberg
Hausham

Evelyn Pschak von Rebay
111 Mal sauguad essen in München
ISBN 978-3-7408-2202-6

Rüdiger Liedtke
111 Orte in München, die Geschichte erzählen
ISBN 978-3-7408-2045-9

Rüdiger Liedtke
111 Orte in München, die man gesehen haben muss, Band 1
ISBN 978-3-7408-2126-5

Rüdiger Liedtke
111 Orte in München, die man gesehen haben muss, Band 2
ISBN 978-3-7408-1514-1

Christian Gehl
111 Badeplätze in und um München, die man kennen muss
ISBN 978-3-7408-1423-6

Rüdiger Liedtke
111 Münchner Meisterwerke, die man gesehen haben muss
ISBN 978-3-7408-1297-3

Cornelia Ziegler
111 Orte rund um München, die man gesehen haben muss
ISBN 978-3-7408-0437-4

Jochen Reiss, Rüdiger Liedtke
111 Orte Ludwigs II., die man gesehen haben muss
ISBN 978-3-7408-2096-1

Susanne Jagusch, Rudolf Jagusch
111 Orte im Vogtland, die man gesehen haben muss
ISBN 978-3-7408-1841-8

Dorothea Steinbacher
111 Orte im Chiemgau und im Rupertiwinkel, die man gesehen haben muss
ISBN 978-3-7408-2266-8

Jochen Reiss
111 Orte im Fünfseenland, die man gesehen haben muss
ISBN 978-3-7408-2247-7

Kerstin Söder
111 Orte in und um Rothenburg, die man gesehen haben muss
ISBN 978-3-7408-2068-8

Reiner Vogel
111 Orte in Niederbayern, die man gesehen haben muss
ISBN 978-3-7408-2198-2

Dietmar Bruckner, Jo Seuß
111 Orte in Nürnberg, die man gesehen haben muss
ISBN 978-3-7408-2177-7

Cornelia Ziegler
111 Orte im Allgäu, die man gesehen haben muss
ISBN 978-3-7408-2128-9

Richard Auer, Gerhard von Kapff
111 Orte im Altmühltal und in Ingolstadt, die man esehen haben muss
ISBN 978-3-7408-2047-3

Dorothea Steinbacher
111 Orte im Chiemgau, die man gesehen haben muss
ISBN 978-3-7408-2046-6

Harry Luck, Norbert Jung
111 Orte im und am Bamberger Dom, die man gesehen haben muss
ISBN 978-3-7408-1746-6

Lisa Graf-Riemann,
Ottmar Neuburger
111 Orte im Berchtesgadener Land, die man gesehen haben muss
ISBN 978-3-7408-1803-6

Tim Frühling
111 Orte in der Rhön, die man gesehen haben muss
ISBN 978-3-7408-1998-9

Annabelle Fagner
111 Orte im Loisachtal, die man gesehen haben muss
ISBN 978-3-7408-1683-4

Jo Seuß
111 Orte rund um Nürnberg, die man gesehen haben muss
ISBN 978-3-7408-1730-5

Leonhard F. Seidl
111 Orte in der Frankenhöhe, die man gesehen haben muss
ISBN 978-3-7408-1230-0

Ranka Keser
111 Orte in der Hallertau, die man gesehen haben muss
ISBN 978-3-7408-1379-6

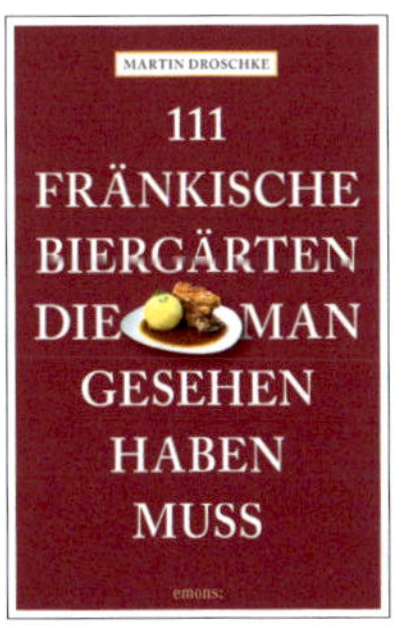

Martin Droschke
111 fränkische Biergärten, die man gesehen haben muss
ISBN 978-3-7408-1956-9

Sonja Silberhorn
111 Lost Places in der Oberpfalz, die man gesehen haben muss
ISBN 978-3-7408-1957-6

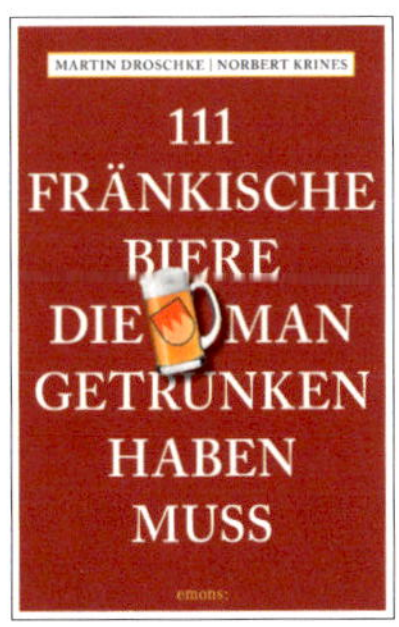

Martin Droschke, Norbert Krines
111 Fränkische Biere, die man getrunken haben muss
ISBN 978-3-7408-1835-7

Gregor Nagler
111 Orte in Augsburg, die man gesehen haben muss
ISBN 978-3-7408-1782-4

Michael Horling
111 Orte in und um Schweinfurt, die man gesehen haben muss
ISBN 978-3-7408-1302-4

Martin Droschke
111 Kirchen in der Oberpfalz, die man gesehen haben muss
ISBN 978-3-7408-1629-2

Marko Roeske
111 Orte im Bayerischen Wald, die man gesehen haben muss
ISBN 978-3-7408-1690-2

Astrid Süßmuth
111 Almen und Hütten in Oberbayern, die man gesehen haben muss
ISBN 978-3-7408-1751-0

Martin Droschke
111 Kirchen in Franken, die man gesehen haben muss
ISBN 978-3-7408-1468-7

Sonja Silberhorn
111 Orte in und um Amberg, die man gesehen haben muss
ISBN 978-3-7408-1463-2

Dorothea Steinbacher
111 Wallfahrtsorte in Oberbayern, die man gesehen haben muss
ISBN 978-3-7408-1284-3

Tim Frühling
111 Orte an Main und Kinzig, die man gesehen haben muss
ISBN 978-3-7408-1345-1

Kerstin Söder
111 Orte im Fränkischen Seenland, die man gesehen haben muss
ISBN 978-3-7408-1072-6

Bernhard Horsinka,
Renate Bugyi-Ollert
111 Orte in und um Würzburg die man gesehen haben muss
ISBN 978-3-7408-1343-7

Dietmar Bruckner, Michaela Moritz
111 Orte in der Fränkischen Schweiz, die man gesehen haben muss
ISBN 978-3-7408-1089-4

Martin Droschke
111 Biere aus Altbayern und Bayerisch-Schwaben, die man getrunken haben muss
ISBN 978-3-7408-1069-6

Erwin Ulmer
111 Orte in Oberschwaben, die man gesehen haben muss
ISBN 978-3-7408-0860-0

Christoph Schrahe, Stefan Herbke, Thomas Biersack
111 Skipisten, die man gefahren sein muss
ISBN 978-3-7408-1600-1

Christine Hochreiter
111 Orte in und um Passau, die man gesehen haben muss
ISBN 978-3-7408-0733-7

Bernd Schinner
111 Orte im Fichtelgebirge, die man gesehen haben muss
ISBN 978-3-7408-0741-2

Jo Seuss
111 Orte in Fürth & Erlangen, die man gesehen haben muss
ISBN 978-3-7408-0724-5

Thomas Rosky, geboren und aufgewachsen in NRW, studierte in Trier, Freiburg im Breisgau und Madrid Ur- und Frühgeschichtliche Archäologie, Kunstgeschichte und Philosophie. Seit 1995 lebt und arbeitet er als Autor, Lektor und Zeitschriftenredakteur in München.